おいしすぎてほめられる！

料理のきほんLesson
レッスン

阪下千恵 著

はじめに

料理は、まず「やってみる」ことが大切です。難しいことは抜きにして、おいしくできるちょっとした「コツ」を守り、丁寧に作れば、とびっきりおいしい料理ができ上がるのです。本書は、そんな「コツ」を惜しみなく盛り込んでいます。

今回、「今までの常識にとらわれず、本当に作りやすくておいしく完成できる」レシピ作りにとことんこだわり、何度も試作を重ねました。また、失敗してしまいそうな部分を強調したり、ポイントを入れたりして、初心者さんでも気負うことなくお料理をはじめられるよう工夫をこらしています。

長い人生の中で、料理ができるといいことがたくさんあります。ひとつは、自分自身のため。自分の心と体が欲している食事を作ることができると、日常がぐっと豊かになります。もうひとつは、誰かのために作ってあげられること。私自身、料理を家族のために毎日作り続けています。その原動力は、家族の「おいしい!」という一言。大切な誰かの心に響く料理を作ってあげると、作り手も幸せな気持ちになれます。日々の食卓での会話も弾み、素敵な時間を過ごすことができるのです。

最初からお料理が上手な人は誰もいません。楽しくおいしく作り続けることが、お料理上手への一番の近道なのです。本書のメニューを半分マスターできれば、お料理上手の仲間入りです。さあ、一緒にお料理という「幸せの鍵」を手に入れましょう。

本書は 初心者さんが料理を上達させる

秘訣 1 初心者さんが絶対につまずかない画期的なレシピ

本書のレシピは、「調味料を入れる順番にこだわらない」「だしやルーなどの市販品を使ってOK」など初心者さんがつまずかない、作りやすいレシピを開発しました。それでも、引けをとらない本格的な味わいに仕上がります。まずは、レシピどおりに丁寧に作ってみましょう。自己流で作ったときとの違いに驚くはずです。

調味料は「さしすせそ」の順番に加えなくちゃダメですか？

調味料を加える順番にこだわらなくてもOK。混ぜ合わせたものを加えても味が落ちたりしません！

ための秘訣がつまったレシピ集です

秘訣 2 失敗しない最大のコツは「火加減」と「ふた」!!

本書のレシピは、読み込む時間と手間を省くため、簡潔でわかりやすくしています。それでも、初心者さんが失敗なく作れるのは、**料理の肝である「火加減」と鍋やフライパンを火にかけているときに「ふたをするかしないか」など失敗をしないポイントをしっかり説明しているから**。効率よくおいしい料理に仕上がるので、また作りたくなります。

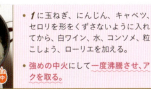

- *1*に玉ねぎ、にんじん、キャベツ、セロリを形をくずさないように入れてから、白ワイン、水、コンソメ、粒こしょう、ローリエを加える。
- 強めの中火にして一度沸騰させ、アクを取る。
- 火を弱めてふたをし、弱火で15分煮る。最後にウインナーを加え(写真)、ふたをしてさらに5分煮る。
- キャベツなどできるだけ形をくずさないよう器に盛り付け、粒マスタード、ゆずこしょうなどをお好みで添える。

本書のレシピは、失敗しないポイントを波線で強調しています。ポイントをおさえれば、誰でもおいしくできますよ!

秘訣 3 「見せ方」に気を配ると料理はさらに楽しく

料理がおいしくできたら、盛り付けや付け合わせ、スタイリングなどの**「見せ方」にも気を配ると、さらに楽しくなりますし、ますます上達もします**。まずは、本書の「お料理の完成写真」や「食器・テーブルウエアのそろえ方」(P.18〜22)を参考にして、お気に入りの食器をそろえたり、美しい盛り付けに挑戦したりしましょう。写真を撮ってSNSにアップしたり、誰かに食べさせてあげて喜んでもらえば、「見せ方」の幅も広がるはずです(P.22参照)。

本書の見方＆使い方

本書では、初心者さんでも失敗することなく、手軽に本格的な料理が作れるよう、レシピに工夫を凝らしています。

① 懐かしい洋食屋さんの味！やや太めのスパゲティがおすすめ。

② 〈メイン食材〉パスタ

ナポリタン

奥深い味のポイントは、ケチャップにウスターソースを加えること！

④ Use Item! 26cm 深いフライパン／26cm フライパン

③ 材料（2人分）

- スパゲティ(1.6〜1.9mm) ……… 160g
- ◆具
- 玉ねぎ ……… ⅓個 → 薄切りにする
- ウインナー（粗びき）……… 4本 → 斜め薄切りにする
- ピーマン ……… 1個 → ヘタと種を取り、縦半分に切ってから細切りにする
- 白ワイン ……… 大さじ1
- オリーブ油 ……… 大さじ1
- A｜ケチャップ ……… 大さじ4
- ｜ウスターソース ……… 小さじ1・½
- こしょう ……… 少々
- 粉チーズ（パルメザンなど）……… 適量

※野菜など、切り方の指示があるものは、イラストを参考に切っておく。

50

① 一番のポイント
レシピの一番のアピールポイント。本書のレシピならではの特徴やコツを明記しましたので、調理する前に頭に入れておくとよいでしょう。

② メイン食材
レシピの「メイン食材」を記載しています。ひと目でメインの食材がわかるので、食べたい食材が明確なときは、ここを見ながら献立を決めると便利です。

③ 材料表
- 材料は、はじめのうちはレシピどおりに用意し、きちんと計量して作りましょう。そのメニューの「おいしさの基準」を把握することが大切です。
- 分量とともに野菜などの切り方についてもこちらに記載しています。切り方がひと目でわかるように、イラストも入れていますので、参考にしてください。

（注：イラストは、実際の分量とは異なります）

④ 調理器具アイコン
使用する調理器具を記載しています。調理前にどの調理器具を使うのか確認し、できるだけ近いサイズのもので行いましょう。鍋やフライパンのサイズが異なると、味にも影響が出てしまいます。

Use Item!
- 20cm 小さいフライパン
- 26cm フライパン
- 26cm 深いフライパン
- 卵焼き用フライパン
- 揚げ鍋
- 18cm 鍋
- 22cm 鍋
- 電子レンジ
- オーブントースター

〈洋食〉ナポリタン

① スパゲティをゆでる
- スパゲティは、深めのフライパン（または鍋）に2ℓの湯を沸かして塩（大さじ1・分量外）を加え、**強めの中火**でときどき混ぜながら表示時間どおりゆでる。
- ゆで上がったスパゲティをザルに上げ、すぐにオリーブ油（小さじ2・分量外）をまぶす。

ポイント
ナポリタンには、やや太めのスパゲティ（1.6〜1.9mm）がおすすめ。

② 具を炒める
- スパゲティをゆでている間に、フライパンにオリーブ油（大さじ1）を熱し、玉ねぎ、ウインナー、ピーマンを中火で3分炒める。焦がさないように注意する。

ポイント
スパゲティがゆで上がるまでにソースの準備をしておくことが大切。

③ 調味料を加える
- 白ワイン、A、こしょうを加え、中火のまま30秒〜1分炒める。

④ 炒める
- 3にスパゲティを加えて、中火で手早く1分炒めてからめる。
- 器に盛り付け、粉チーズをかける。

ポイント
炒めすぎると粘りが出てしまうので手早く炒める。

one point advice　スパゲティの種類について
本書では、1.6mmのスパゲティを使用していますが、さまざまな太さのものが売られています。生パスタなどは、コシがあってより本格的に。カッペリーニなどの極細のパスタは、あっさりとしたソースや冷たいスパゲティに向いています。

こんなにも料理のコツが盛り込まれているのね！

これで料理上手になれること間違いなし！

---

⑤ 作り方の流れ
大枠で「作り方の流れ」を示しています。調理の流れをつかんでおくと、作業がぐんとスムーズになります。

⑥ 工程写真＆作り方
- 言葉だけでは伝わりにくい情報も写真を見ればひと目でわかります。火加減については、マークで示しています。
- 作り方の工程で特に注意したい箇所には、太字に波線を引いていますので、しっかりおさえておきましょう。

⑦ ポイント
工程ごとにポイントを入れています。ポイントをおさえておくと料理の知識が増えて、上達します。

⑧ 料理を成功させるコツ
レシピの肝の部分は、太字に波線を引いています。初心者さんでも失敗しないための重要な部分ですので、しっかりと守って調理しましょう。

⑨ ワンポイントアドバイス
調理におけるアドバイスを盛り込みました。ワンポイントアドバイスのほかにアレンジメニューやQ＆Aなど、料理が楽しくなる豆知識を紹介しています。

料理の基本 Q&A

本書のレシピを見ながら料理を作るうえで、細かい部分の疑問が出てくることでしょう。レシピで気になるポイントを先に説明します。

Q フライパンや鍋はレシピどおりの大きさじゃないとダメなの？

A フライパンや鍋のサイズが変わるだけで、味にも影響が出てきます。まずはレシピとできるだけ近いもので作るのがよいですが、家にあるものがレシピより大きい場合は、水分量や予熱時間を増やします。逆に小さい場合は、水分を減らし、予熱時間を短くしましょう。

Q レシピの焼く、煮る時間で「10〜15分」「4分ほど」などの幅があるものはどうすればいいの？

A 調理器具や火加減の違いによって時間に差が出てくるので、ある程度幅をもたせています。また、作る相手に合わせて「もっと柔らかく」「もっとこんがりと」したいときには、やや長めに火にかけるなどの調節をするとよいでしょう。

- 鍋に大根とたっぷりの水を入れ、水からゆではじめる。
- 沸騰したら、弱めの中火にして10〜15分、竹串を刺して通るくらいになるまでゆでて、ザルに上げておく。

Q 「フライパンに油を熱する」って何分くらい熱するの？

A フライパンの素材や厚みにもよりますので、手をフライパンの10cm上でかざして、すぐに温かさを感じればOKです。基本は中火で熱して、1～2分で様子をみてみましょう。

Q 「適量」と「適宜」ってどうちがうの？

A 適量とは「適切な量」という意味なので、自分で味を確かめながら入れて量を見極めていきます。「適宜」は「あれば」という意味なので、お好みで入れても入れなくてもOKです。

Q ⅔カップってどれくらいを目安にすればいいの？

A ⅔カップは約133mlと少し計りにくいので、¾よりちょっと少なめを目安に計りましょう。粉類や削り節などは、ぎゅうぎゅうに押し込まず、ふんわりと入れた状態で計りましょう。

Q レシピの倍の量を作りたいときは、どうすればいいの？

A 肉や野菜などの材料は、単純に倍にしてOKです。ただし、調味料や水はひとまず1.5倍の量を加えます。いつもの鍋に倍の量が入ると、少ない煮汁でも素材がかぶるくらいの量になってしまいます。まずは1.5倍からはじめて、足りなければ増やしていきましょう。時間については、煮汁が煮立つまでの時間や炒めて素材が温まるまでの時間は、倍ではなく1.3倍長くするイメージがベストです。温まってからの調理時間はほぼ同じですが、様子をみながら調整しましょう。

なるほど〜！

contents

- はじめに ……………………………… 2
- 本書の特徴 …………………………… 4
- 本書の見方&使い方 ………………… 6
- 料理の基本 Q&A ……………………… 8

お料理をはじめる前に

まずは、これだけそろえましょう！
- 基本の調理器具&アイテム ………… 14
- 食器・テーブルウエアのそろえ方 … 18
- あると便利な食器&テーブルウエア … 20

料理がもっと楽しくなる！
- 盛り付け方の工夫&写真の撮り方 … 22

知っておきたい基本の知識

- 基本の野菜の切り方 ………………… 24
- 基本の調味料 ………………………… 28
- 調味料の計り方 ……………………… 30
- 水加減、火加減、油の温度 ………… 31
- だしのとり方、米の洗い方 ………… 32

Part 1 洋食店の味をお家で楽しむ 洋食

- ハンバーグ …………………………… 34
- ミートローフ ………………………… 38
- ステーキ ……………………………… 40
- オムライス …………………………… 42
- クリームシチュー …………………… 44
- ビーフシチュー ……………………… 46
- ミートソーススパゲティ …………… 48
- ナポリタン …………………………… 50
- クリームスパゲティ ………………… 52
- アサリのボンゴレスパゲティ ……… 53
- バターチキンカレー ………………… 54
- ロールキャベツ ……………………… 56
- エビフライ …………………………… 60
- サーモンのハーブパン粉焼き ……… 64
- エビマカロニグラタン ……………… 66
- キャベツ入りメンチカツ …………… 68
- 骨付き鶏のポトフ …………………… 70
- ラタトゥイユ ………………………… 72

Part 2 毎日食べたい定番レシピ 和食

- 肉じゃが ……………………………… 76
- 豚のしょうが焼き …………………… 80
- 筑前煮 ………………………………… 82
- さといもとイカの煮物 ……………… 84
- サバのみそ煮 ………………………… 86
- ぶりの照り焼き ……………………… 88
- ぶり大根 ……………………………… 90
- きんぴらごぼう ……………………… 92
- ひじきの煮物 ………………………… 94
- 切り干し大根の煮物 ………………… 96
- かぼちゃの煮物 ……………………… 98
- 高野豆腐の含め煮 …………………… 100
- 鶏の唐揚げ …………………………… 102
- とんかつ ……………………………… 106
- ひき肉入りコロッケ ………………… 108
- 天ぷら3種（エビ・さつまいも・ししとう） … 110
- ちらし寿司 …………………………… 112
- 茶碗蒸し ……………………………… 116

Part 3 クセになるおいしい食感をお家でも 中華

- チャーハン ……… 120
- 麻婆豆腐 ……… 122
- エビチリ ……… 126
- エビマヨ ……… 127
- 牛肉のオイスターソース炒め ……… 128
- 餃子 ……… 130
- 焼売 ……… 134
- 春巻き ……… 136
- 酢豚 ……… 138

Part 4 作り置きにもお弁当のおかずにも◎ サラダ・和え物

- コールスローサラダ/
  スモークサーモンのマリネサラダ ……… 142
- ポテトサラダ ……… 143
- マカロニサラダ ……… 144
- シーザーサラダ ……… 145
- 春雨サラダ ……… 146
- ひじきと水菜の豆サラダ/
  かぼちゃとさつまいものスイートサラダ ……… 147
- ほうれん草のごま和え/
  ほうれん草の白和え ……… 148
- ワカメときゅうりの酢の物/
  小松菜と油揚げの煮びたし ……… 149
- オクラとめかぶの梅しょうゆ和え/
  白菜の塩昆布ごま油風味和え ……… 150

Part 5 リピートしたくなること間違いなし! ご飯物・丼物

- 赤飯 ……… 152
- 鶏とごぼうの炊き込みご飯 ……… 153
- そぼろご飯 ……… 154
- 牛丼 ……… 155
- 親子丼 ……… 156
- 3色ナムルのビビンバ丼 ……… 157
- タコライス ……… 158

Part 6 心も体もほっと喜ぶ 汁物・スープ

- ワカメと豆腐のみそ汁 ……… 160
- かき玉汁 ……… 161
- アサリの潮汁 ……… 162
- 春雨のスープ ……… 163
- 豚汁 ……… 164
- ミネストローネ ……… 166
- かぼちゃのポタージュ ……… 168
- カリフラワーのスープ/コーンポタージュ ……… 169

It's yummy.

Part 7 モーニングメニュー
忙しい朝でもしっかり食べよう！

〈 洋食セット 〉
- ●パンケーキ …………………… 173
- ●スクランブルエッグ／
  ブロッコリーのポタージュ …… 174
- 卵サンド …………………………… 175
- ハムチーズ＆レタスサンド／
  ツナきゅうりのクロワッサンサンド … 176
- いちごサンド ……………………… 177
- フレンチトースト ………………… 178
- トマトとベーコンのオムレツ …… 179

〈 和食セット 〉
- ●梅じゃこしそおにぎり ………… 181
- ●雑穀米おにぎり／卵焼き／アスパラの
  ごま和え ………………………… 182
- ●焼き鮭／アオサのみそ汁 ……… 183
- ぶりの塩こうじ焼き ……………… 184
- トマトとツナの和風具のせ豆腐／
  納豆とアボカドののっけご飯 …… 185
- だし巻き卵 ………………………… 186
- しらす入り卵焼き／のり巻き卵焼き … 188
- ゆで卵／目玉焼き ………………… 189

Part 8 イベントメニュー
みんなにふるまってお料理上手に

〈 ホームパーティ 〉
- ●エビとマッシュルームのアヒージョ … 193
- ●パエリア ………………………… 194
- ●ローストビーフ ………………… 195

〈 行楽弁当 〉
- ●いなり寿司 ……………………… 197
- ●つくね …………………………… 198
- ●エビとアボカドのサラダ ……… 199

調理用語一覧／材料別索引 ………… 200

column
- 肉の部位の特徴＆選び方 ………… 74
- じゃがいもの種類と調理法について … 79
- 唐揚げのバリエーションレシピ …… 105
- 献立の立て方 ……………………… 118
- 野菜の保存方法の鉄則 …………… 140
- 「お弁当」にも使える冷凍保存テク …… 170
- キッチンまわりの衛生について …… 192

本書の使い方
- ●材料は2人分が基本です。作りやすい分量で表示しているものもあります。
- ●計量単位は、小さじ1＝5㎖、大さじ1＝15㎖、1カップ＝200㎖、米1合＝180㎖です。
- ●野菜類は洗って切ってからの手順を説明しています。皮をむく、へたをとるなどの作業を省略している場合もあります。
- ●野菜などの切り方は、ひと目でわかるようにイラストも入れていますので、参考にして下さい。（注：イラストは、実際の分量とは異なります）
- ●だしは、昆布と削り節でとったものです（P.32参照）。市販のだしの素やだしパックを使う場合は、その表示に従ってください。市販品は塩分が添加されていることが多いので、味をみて調整してください。
- ●砂糖は上白糖、しょうゆは濃い口、みりんは本みりんを使用しています。
- ●材料表で「混ぜ合わせておく」と書いてあるものは、準備しておくと調理がスムーズにできます。
- ●電子レンジの加熱時間は600Wの場合の目安です（500Wなら1.2倍にしましょう）。トースターの加熱時間は1000Wの場合の目安です。また、種類によって加熱温度に多少の差があるので、様子を見て加減しましょう。

お料理を
はじめる前に

お料理をはじめる前にそろえておきたい道具や食器、テーブルウエアなどを紹介します。これらがそろっていると、スムーズに楽しくお料理を作れます。お気に入りのグッズを見つけるためのコツを紹介していますので参考にしてください。

お料理をはじめる前に

まずは、これだけ
そろえましょう！

基本の調理器具＆アイテム

料理をはじめる前に、必要な道具がそろっているか確認しましょう。これらがそろっていれば、本書のレシピは全部作れます。

包丁
万能包丁1本あれば肉、魚、野菜などの材料がすべて切れます。刃渡り20cm程度で持ちやすく、さびにくいステンレス製がおすすめです。

まな板
最初は、プラスチック製のものが、カビや匂いがつきにくいのでおすすめ。1.5cm程度の厚みがあれば、安定して作業ができます。

ピーラー
包丁よりも薄くむけるので、にんじん、きゅうり、アスパラの根元など野菜の皮をむくときに便利。スライサーとして薄切りにするときにも使えます。

おろし器
大根やしょうがをすりおろすときに使います。底が滑りにくく、安全性が高いものを選びましょう。

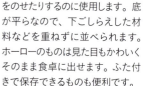

ボウル
材料を混ぜたり、和えたり、洗ったりする際に使います。材料の量や用途に合わせて3サイズあると便利。耐熱ガラス製だと電子レンジにも使えます。軽くて丈夫なステンレス製と組み合わせて使用すると便利です。

ザル
麺類の湯切りや野菜の水切りなどに使用します。熱に強く手入れがしやすいステンレス製がおすすめです。穴が大きく目詰まりしにくいパンチングタイプのものだと、より洗いやすいです。

バット
パン粉を均一につけたり、揚げ物をのせたりするのに使用します。底が平らなので、下ごしらえした材料などを重ねずに並べられます。ホーローのものは見た目もかわいくそのまま食卓に出せます。ふた付きで保存できるものも便利です。

フードプロセッサー
肉や野菜など、食材を切り刻んだり混ぜるときに便利です。本書では、ポタージュスープを作るときに使います。

調理器具選びは
上達への第一歩です！
お気に入りのものを
見つけましょう

選び方のポイント

基本の道具は、長く毎日使用するものですから、使い勝手がよく、自分が気に入ったものを選びましょう。キッチン全体がすっきり見えるので、色に統一感をもたせるのもポイント。使う頻度の高いものですので、定期的に買い換えることをおすすめします。鍋やフライパンは、焦げ付きにくいテフロン加工のものがおすすめです。

小さめのフライパン（直径20cm）

材料が少ない調理のときに。薄焼き卵やオムレツ、丼物などを作るときに重宝します。

フライパン（直径26cm・ふたつき）

さまざまな調理に対応できる、大きめサイズのフライパン。一番よく使うので、片手で持ち上げられて扱いやすいものを選びましょう。

深めのフライパン（直径26cm）

材料が多い調理のときに。パスタをゆでて、具とからめるときにも便利。炒める、揚げる、ゆでる、煮るなど、さまざまな調理に使えます。

鍋〈小〉（直径16〜18cm）

汁物や野菜の下ゆで、少量の煮物などに。片手鍋だと柄を持ってよそったり、ふたを押さえて湯切りしたりと使い勝手がよいです。

鍋〈大〉（直径20〜22cm）

カレーやシチューなどの煮込み料理に。ステンレス製、ホーロー製など材質はお好みで選びましょう。長くじっくり煮るので丈夫なものがおすすめです。

揚げ鍋

唐揚げやとんかつを作るときに。油をしっかり温めるので、食材を入れても急激な温度変化がなく、カラリと揚がります。

卵焼き用フライパン

卵焼きや出し巻き卵を作るなら、必ずもっておきたい道具のひとつです。フライパンよりも巻きやすく、形が整えやすいので仕上がりが格段にきれいに。油が少なくてもよいので小さめサイズがおすすめです。

炊飯器

用途に合わせて付加機能がついた炊飯器を選んでもよいでしょう。無洗米、玄米、お粥コースなど機種によってさまざまです。

オーブントースター

ピザやグラタンなどの焼き目を付けたい料理におすすめ。新しく購入する場合は、庫内が広めのものを選ぶと大きめの料理も入って便利です。

電子レンジ

固い野菜に火を通すなど、加熱の下ごしらえがお手軽に。オーブン機能付きがおすすめです。

お料理をはじめる前に

計量カップ

1カップ（200㎖）を計れる容器。500㎖などの大きなサイズも売られています。目盛りが見やすいものがおすすめ。

計量スプーン

調味料や油の分量を計れるスプーン。大さじ（15㎖）と小さじ（5㎖）があれば十分ですが、それぞれの½サイズのスプーンがあると、さらに便利です。

デジタルスケール

材料を正確に測りたいときに。1kgまで1g単位で測れるもので十分ですが、用途に合わせてさまざまな機能のものを選びましょう。

菜箸

食事用の箸の約1.5～2.5倍の長さ。炒める、混ぜる、盛り付けるなど料理の必需品です。滑りにくいものがおすすめ。

木ベラ

平らな先端部分で料理全体を炒めたり、和えたりできます。木製なので軽く、高温になりにくいうえ、鍋も傷つけません。

ゴムベラ

弾力性があるので、ボウルの側面に沿ってきれいにすくえます。シリコン製のものが、高温に強いのでおすすめ。

お玉

汁物やスープ、煮込み料理をくったり、混ぜたりするときに。持ちやすく汁物をしっかりとすくえる深さがあるものを選びましょう。

フライ返し

ハンバーグや魚などをひっくり返すときに使用します。先端部分が薄いほうが、食材をきれいにひっくり返せます。フライパンを傷つけない樹脂加工のものがおすすめ。

穴あきお玉

野菜をゆでてすくうだけでなく、炒めるときのヘラとしても使えます。シリコン製のものがおすすめ。

トング
熱いかたまり肉やパスタなどをつかむのに最適です。パスタを盛り付けるときにも便利です。

落としぶた
煮汁を全体に行き渡らせるために必要です。写真のように煮ながらアクを取れるタイプのものも。アルミホイルなどで手作りしてもOK。

キッチンタイマー
うっかり焼きすぎたり、ゆですぎたりするなどの失敗を防ぎます。初心者は、こまめに時間を計るのがおすすめです。

すくい揚げ
揚げ物をすくって油を切ったり、油に浮いた揚げ物のかすを取ったりするときに使用します。

台ふき・食器ふき用クロス
両方を用意しましょう。木綿以外に吸水性に優れたマイクロファイバーや、見た目にオシャレな麻100％のものもあります。

エプロン
油などの飛び散りによる服の汚れを防ぎます。衛生面からも、こまめに洗って使用しましょう。好きな柄を選んでオシャレも楽しんで。

鍋つかみ
やかんや鍋など、熱いものをつかむときに使用します。耐熱性の高いものも売られているので、用途に合わせて選びましょう。エプロンに合わせて好きな柄を選んでも楽しいです。

/ その他 /

必要＆あると便利なアイテム

- ラップ
- キッチンバサミ
- 魚焼きグリル
- ペーパータオル
- ターナー
- 蒸し板
- アルミホイル
- アク取り
- クッキングシート
- 泡だて器

用途によって道具を使い分けるとスムーズに料理が作れるのね！

お料理をはじめる前に

食器・テーブルウエアのそろえ方

料理がおいしくできたらちょっとだけ見た目にもこだわってみましょう。どんな器に、どのように盛り付けるかで、見た目の美しさやおいしくできたときの喜びも変わってきます。予算に合わせてお好みの食器・テーブルウエアを探してみましょう。

食器の選び方がわかりません…どんなことに気をつければいいの？

ここからは、実用的でオシャレに見せる食器選びのポイントを紹介するので、参考にしてみてくださいね。

point 1
はじめは「白色」の食器がおすすめ

まず、必要な人数分の食器をそろえましょう。はじめは定番の「白い食器」がおすすめ。家族が増えても買い足せて長く使用できます。

point 2
和洋関係なく使える食器を

白や無地のシンプルな食器は、和洋関係なく使えます。さまざまな料理に合わせやすい食器からそろえてみましょう。

point 3
耐久性の高いものを

普段使いのものは、「使いやすさ」を重視しましょう。耐久性があり、食器洗浄機、電子レンジOKのものを選ぶと便利です。

point 4
安価なものより少しよいものを

専門店などに足を運び、質感のある少しよいものを選ぶ意識を持ちましょう。メーカーの定番品を選ぶと、割れてしまっても買い足しが可能です。

洋食セット例

シンプルで飽きのこない食器・カトラリーで統一感をもたせると、料理が引き立ちます。プレースマットで彩りを楽しんでも◎

13〜15cm程度の少し深みのある皿
スープやサラダを盛り付けたり、お茶碗の代わりにも使用できる万能皿。

22cm程度の深みのある皿
カレーやシチュー、パスタなどの料理に使えます。やや深さがあるものが使いやすいです。

10〜12cmのカップ
汁物やスープに使えるカップ。持ちやすい形、重さのものを選んで。

和食セット例

白い食器と木製のみそ汁椀で「カフェの定食風」に。定番の和食にもマッチしてオシャレ度もアップ！

10〜12cm程度のボウル
和え物やサラダなどの副菜を盛り付ける小鉢に使える小さめのボウル。2〜3個あると便利です。

ご飯茶碗
持ちやすい形で、一杯分のご飯の量をちょうどよく盛れるものを選びましょう。

20〜22cm程度の平皿
肉や魚などのメイン料理を盛り付けるのにちょうどよいサイズの万能皿。

みそ汁椀
木製のものが軽くて、経年変化も楽しめるのでおすすめです。みそ汁や豚汁などがたっぷり入るものが使いやすいです。

箸・箸置き
箸は、太さや箸先の形、素材、重さ、デザインなどを見比べて選びましょう。箸置きも、飽きのこないシンプルなものがおすすめ。

お料理をはじめる前に

あると便利な食器＆テーブルウエア

初心者さんが、まず手に入れたい食器＆テーブルウエアを紹介します。色やサイズ、形違いで少しずつ集めて、さまざまなスタイリングを楽しみましょう。

SNSばえ間違いなし！

かわいいのに縁の下の力持ち！

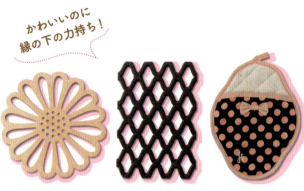

木製のカッティングボード

パンやチーズ、フルーツなどをカットして盛り付け皿代わりに。サラダや肉料理などをのせても食卓が一気にオシャレに様変わり。

鍋敷き

熱い鍋の下に敷いてテーブルやキッチン台が傷むのを防ぎます。大皿料理をそのまま出すときに便利。鉄製のものが丈夫でおすすめ。

3点セットでそろえてね！

パーティスタイルで大活躍!!

カトラリー
（スプーン、フォーク、ナイフのセット）

肉料理や煮込み料理を食べるときは、3点セットを用意して。お気に入りのデザインのもので食卓の雰囲気を盛り上げてみて。

サービングカトラリー

前菜などを食卓で盛り付けるときに便利な取り分け用のカトラリー。持ち手が長めで手が届きやすく、パーティスタイルで大活躍。

スタイリングにこだわると
お料理がもっと
楽しくなりますよ！

食卓の雰囲気を
アップ！

お気に入りの
デザインはどれ？

プレースマット

料理を盛ったお皿やカトラリーを置くためのマット。テーブルの汚れを防いで、カラーや柄で食卓をオシャレに演出してくれます。

グラス

水やジュースを飲むときに。食洗機OKで耐久性の高いものだとガラスが欠けず長持ちします。耐熱性のものならホットドリンクでも◎。

キュートな
脇役！

かわいいデザインが
いっぱい！

小鉢・小皿

ソースや餃子のたれなどを入れたり、大皿料理の取り皿としても。サラダや和え物、デザートを盛り付けるときにも便利。

マグカップ

コーヒーやホットミルクを飲むときに。スープ類を注いでもOK。持ちやすさ、飲み口の厚さなど、お気に入りのものを探してみて。

column

料理がもっと楽しくなる！
盛り付け方の工夫＆写真の撮り方

作った料理をお気に入りの食器に盛り付けて写真撮影してみましょう。
SNSなどにアップするとお料理がもっと楽しくなり、継続するためのモチベーションにつながります。
日々の記録として残しておけるのでトライしてみては？

step 2 盛り付けてみよう

お皿に合わせて料理を盛る分量や付け合わせの種類を考えるとスカスカ感がなくなります。付け合わせの野菜やトッピングの彩りを工夫して華やかさを演出してもGOOD。少なすぎず、多すぎず、こんもりとした盛り付けにするのがポイントです。

step 1 食器やカトラリーなどをセレクト

料理が完成する前に、食器やカトラリー、テーブルウエアを用意し、サイズや色などの組み合わせを考えてセレクトしましょう。お気に入りのお皿に完成料理をどんなふうに盛りつけるか想像し、おいしそうな雰囲気を演出してみましょう。

step 3 写真を撮って残しても楽しい♪

お気に入りの盛り付けやスタイリングができたら写真に残しておくとよいでしょう。家族や友だちに見せたり、SNSにアップして誰かと共有するとお料理をさらに楽しむことができます。上から、斜めからなど、いろいろ変化をつけて撮ってみましょう。

Introduction

2

知っておきたい
基本の知識

料理をはじめる前に身につけておきたい基礎知識を紹介します。知っているつもりで実はできていないことも多いはず。料理をおいしく仕上げるために欠かせない基本ですので、最初にしっかり読んで、不安になったら読み返すとよいでしょう。

基本の野菜の切り方

野菜には、それぞれの大きさ、調理の仕方に応じたさまざまな切り方があります。正しい切り方をすることで、味のしみ込みや食感がよくなり、初心者さんでもおいしく仕上げることができます。レシピを見て不安に感じたら、このページに戻って確認しましょう。

（棒状や円筒形の野菜）

最初にピーラーで皮をむく

輪切り

端から均等に切る。

切り口が円形になる。

半月切り

半分に切る。

切り口を下にして端から均等に切る。

輪切りを半分にした形になる。

いちょう切り

半分に切る。

切り口を下にしてもう半分に切る。

切り口を下にして端から均等に切る。

半月切りを半分にした形になる。

拍子木切り／短冊切り

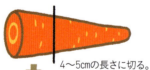

4〜5cmの長さに切る。

1cmほどの幅に切る。

切った野菜を2〜3枚重ねる。拍子木切りは1cmほどの幅に切る。短冊切りは2〜3mm幅に切る。

乱切り

棒状や円筒形の野菜を手前にくるくる回しながら、端から斜めに切る。

細切り	千切り	みじん切り	シャトー切り
	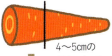	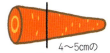	
4〜5cmの長さに切る。	4〜5cmの長さに切る。	4〜5cmの長さに切る。	4〜5cmのにんじんを半分に切る。
なるべく薄くなるように端から切る。	なるべく薄くなるように端から切る。	なるべく薄くなるように端から切る。	切り口を下にして半分に切る。
ずらしながら重ねて横に並べて、端から3mmほどの幅になるように細く切る。	ずらしながら重ねて横に並べて、端から1mmほどの幅になるように細く切る。	ずらしながら重ねて横に並べて、端から1mmほどの幅になるように細く切る。	切り口の角を浅く削ぎ取る。
		横向きに置き、全体ができるだけ細かくなるように端から1mm幅に刻む。	

長ねぎ

ぶつ切り

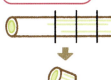

3cmくらいの長さを目安に端から切る。あまり形にこだわらなくてもよい。

小口切り

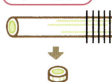

端から薄く、一定の幅で切る。切り方は、輪切りや薄切りと同様に。

みじん切り

長ねぎの表裏両面に包丁の先端で繊維に沿って切り込みを入れる。

端から細かく刻む。

白髪ねぎ

4〜5cmの長ねぎを半分に切る。

芯の白い部分を取り除く。

長ねぎを押さえて平らにしながら、繊維に沿って切る。

知っておきたい基本の知識

大根　皮は厚めにむく

角切り

材料を2〜3cmの輪切りにしてから2〜3cm角の立方体に切る。

さいの目切り

材料を1cmの輪切りにしてから1cm角の立方体に切る。

ごぼう　皮は包丁の背でこそげ落とし、切ったらすぐに水さらし、1分ほど漬けてアクを取る

ささがき

縦に数本切り目を入れてから手前にくるくる回しながら、鉛筆を削るようにそぐ。

細切り

斜め薄切りにする。

何枚かを少しずつずらして重ねて、端からやや斜めに細く切る。

たまねぎ　茶色い皮を手でむき、上下を切り落とす

くし形切り

縦半分に切る。

平らな面を下にして、芯を等分するように放射状に包丁を入れる。

薄切り

縦半分に切る。

平らな面を下にして、繊維に沿って薄く切る。

※サラダなど食感を残したい場合は、繊維に垂直に切ることもある。

みじん切り

縦半分に切る。

根元を落とさないように縦に切り込みを入れる。

さらに端から細かく刻む。

※包丁を寝かせて切れ目を横から入れると、バラバラとくずれて切りにくくなる。さらに細かくしたいときは、最後にまな板の上で細かく刻む。

ブロッコリー

小房に分ける

茎から出た花房の根元に切り込みを入れて、ひとつひとつ切り離す。1房をさらに小さくしたいときは小房の根元に切り込みを入れて、手で裂く。

きのこ類　さっと洗って水気をよく切る

しいたけの軸を取る

しいたけのかさのすぐ下に包丁を入れて切る。

えのきの石づきを取る

根元のおがくずの部分を切る。

しめじの石づきを取る

下のギュッと縮まった部分を切る。

キャベツ

千切り

葉をむく。

芯にV字の切り込みを入れて取る。

葉を何枚か重ねてくるくると巻いて、端から1mm幅になるよう細かく切る。

ざく切り

葉の芯にV字の切り込みを入れて半分にする。

何枚か重ねて端から3〜4cmの大きさにザクザク切る。

白菜

ざく切り

葉を何枚か重ねて横に3等分し、端から3〜4cmの大きさにザク切りする。

かぼちゃ　（にんじん、大根、じゃがいも）

面取り

※煮込むときに煮崩れを防ぎ、見た目も上品になる。

ひと口大くらいの大きさに切る。

半分に切り、大きめのスプーンで種とワタを取る。

切り口の角を浅く削ぎ取る。

※かぼちゃのほか、にんじん、大根、じゃがいもなどにも使います。

基本の調味料

基本は、「さ」=砂糖、「し」=塩、「す」=酢、「せ」=しょうゆ、「そ」=みその5つ。この順番で味付けすると味がしみこみやすいといわれていますが、仕上がりはほとんど変わらないのでこだわらなくてOK！

5つの調味料

砂糖

上白糖
一般的に使われるのが上白糖。溶けやすく、クセがない。煮物などがマイルドな味わいに仕上がる。

グラニュー糖
ざらざらしていて上品な甘みがある。お菓子や飲み物に入れるのにおすすめ。

塩

精製塩
塩化ナトリウムを精製して作られている。安価で手に入るのが強み。

自然塩
ミネラルや旨味が多く、まろやかなので味付けに深みが出せる。

酢

穀物酢
主原料が穀物。さっぱりとした爽やかな酸味があるので、どんな料理にも適している。

米酢
主原料が米。穀物酢よりも味にコクと丸みがあるので、和食に適している。

白ワインビネガー
白いぶどうが原料の酢。日本の酢よりもクセがなく、酸味がマイルド。

しょうゆ

濃い口しょうゆ
旨味があって香りが高く、幅広く料理に使える。本書のレシピの「しょうゆ」は、濃い口しょうゆのこと。

薄口しょうゆ
色が薄く、塩分が強いのが特徴。関西地方で多く使われている。色をあまりつけたくない汁物や煮物に。塩分は濃い口よりも多い。

みそ

全国的に使われているのが、信州みそ。マイルドな塩分と甘みがある。

合わせみそ
2種類以上のみそを混ぜたもの。みそは複数を混ぜ合わせることでコクが増すので、オリジナルでブレンドしてみても。

白みそ
みそには多くの種類があるが、一般的に白みそは熟成期間が数か月と短い。甘みが強いのが特徴。

赤みそ
1年以上熟成させて作ったもの。白みそよりも塩分濃度が高い。

アルコール類

料理酒

本書のレシピで「酒」は、純米料理酒のこと。原料は米だけで、醸造アルコールや添加物が入っていないものがおすすめ。食材の臭みを消して、料理の旨味や香りを引き立たせる。

みりん

煮物料理であっさりとした甘みと照りが出せる。みりん風調味料は、アルコール度数1％未満で、糖類やアミノ酸などを加えたもの。本書ではまろやかな甘みが出る本みりんを使用。

ワイン

一部の料理では、赤ワインや白ワインを使うことも。安価なものでOK。

油脂類

サラダ油

サラッとしていてクセがないため、どんな料理にも使える。

オリーブ油

香りと風味が高いので、サラダやマリネなどと相性がよい。1本常備するならエキストラバージンオリーブ油を。

ごま油

ごまの香りが強いので、風味を加えたいときに。

バター

コクと塩分があるため、淡泊な魚や卵を調理する際におすすめ。有塩と無塩タイプがあるが、本書では有塩を使用。

スープの素・和風だしの素

料理のベースになる、だしやスープは、市販のものを利用すれば、手軽に準備できる。水や湯に加えて使用する。商品によって目安量が違うので、表示を確認して。

だしパック、和風だし（顆粒）

汁物や煮物など主に和食料理に。

固形コンソメ

ポトフやスープなど主に洋風料理に。商品によって味や量が異なるので味を調整する。

粉類

薄力粉

肉や魚にまぶして焼いて旨味を閉じ込めたり、揚げ物の衣にして使う。

パン粉

フライ衣やハンバーグのつなぎに。本書では表示がない限りドライパン粉を使用。

片栗粉

揚げ物の衣のほか、水で溶いて煮汁やあんのとろみづけに。

ソース類

ウスターソース

サラサラで、ややスパイシーな味わいが特徴。隠し味にも役立つ。

中濃ソース

甘みがあり、濃度が高いため、揚げ物やお好み焼きなどに使われる。

知っておきたい 基本の知識

調味料の計り方

味を調えるためには、正しい計量が大切です。基本の計量スプーンや計量カップは必ずそろえて、正確な計り方を心がけましょう。ここでは基本の計り方を説明します。

計量スプーン

計り方のポイントを押さえておけば、調味料をより正確に計量できます。

砂糖、塩、みそ、小麦粉などの計り方

[大さじ・小さじ1]

さじいっぱいにすくい、へら状のもので表面を平らにすり切る。

しょうゆ、酒、みりんなど、液体の計り方

[大さじ・小さじ1]

表面が少し盛り上がるくらいまで入れる。

[大さじ・小さじ½]

½にする場合は、スプーンの底が丸くなっているため、⅔程度の深さまで入れる。

[大さじ・小さじ½]

へら状のもので、中心にラインを引く。

半分を取り除く。

[大さじ・小さじ¼]

へら状のもので、十字にラインを引く。

¾を取り除く。

[大さじ・小さじ⅙]

へら状のもので、中心にラインを引き、6等分になるよう、ラインをクロスで引く。

⅚を取り除く。

手ばかり

少々
親指と人さし指の先でつまむ。約小さじ⅛の量。

ひとつまみ
親指、人さし指、中指の3本の先でつまむ。約小さじ¼の量。

計量カップ

- カップを平らな場所に置いて液体を静かに注ぐ。
- カップの側面に接している部分が少し上がるので、目盛りを真横から見て、液体の表面の高さで計る。

水加減、火加減、油の温度

水や火の加減、油の温度などについても知っておきましょう。

水加減

ひたひた
材料の表面が水面から見え隠れする程度の水の量。

かぶるくらい
材料がちょうど水面の下に沈む程度の水の量。

たっぷり
材料が水に沈み、鍋を火にかけて沸騰したときもふきこぼれない水の量。

火加減

弱火
コンロの火がフライパンや鍋の底に当たらない状態。

中火
コンロの火がフライパンや鍋の底にちょうど当たるか当たらないかという状態。

強火
コンロの火がフライパンや鍋の底に勢いよく当たり、底全体を熱している状態。

油の温度

低温（160〜165℃）
パン粉を落とすといったん底まで沈み、少ししてからゆっくり浮き上がってくる状態。もしくは、菜箸の先から細かい泡がゆっくりと揺れながら出る状態。

中温（170〜180℃）
パン粉を落とすと油の深さの半分程度まで沈んでから、浮き上がってくる状態。もしくは、菜箸の先からすぐに細かい泡がシュワシュワと出る状態。

油の温度のポイント

低温は、火の通りにくいものを焦がさずに中までじっくり火を通したいときに。中温は、とんかつ、コロッケ、天ぷらなどを揚げるときに使用しましょう。デジタルの油温計を使用すると、より正確に計れて便利です。

だしのとり方

だしは、多くの料理で味の基本になります。一番手軽にだしを取れる方法を紹介します。

[分量の目安] 水1ℓに対して

昆布20g　削り節20g

1 昆布は、水でさっと汚れを流す。はさみで切り込みを入れて、水を入れた鍋に**10分**ほど漬ける。

2 弱めの中火にかける。沸騰直前に昆布がゆらゆら揺れて全体に気泡がついたら取り出す。

3 **2**を沸騰させ、削り節を加えて弱火にする。

4 削り節が沈んで**30秒**後に火を止めて、**2分**ほど待つ。

5 ボウルとザルを重ねたところに**4**を静かに注ぎ入れてこす。

6 できあがり。一度に使いきれなくても、冷蔵庫で2〜3日、冷凍庫で2週間ほど保存できる。

米の洗い方

米を洗うときは、ぬかが溶け出したとぎ汁を米に吸収させないことがポイントです。軽く、手早く洗いましょう。無洗米を使用する場合は、お釜に水を入れて炊くだけなので、洗う手間が省けます。

1 ボウルに計量した米と、かぶるくらいの水を入れる。

2 手で円を描きながら3回くらい回して米を手早く洗い、すぐに水を捨てる。同様に3〜4回洗う。

3 とぎ汁がほとんど濁らなくなったら水気を切る。炊飯器に移し水加減をして、**30分**以上吸水させてから炊く。

part 1

洋食店の味をお家で楽しむ

洋食
western food

洋食レシピは、手順や味付けが多く「手間がかかって難しそう……」と思われがち。でも実際は、味の決め手になるコツをつかめば簡単に作れます。

part 1 〈洋食〉ハンバーグ

ハンバーグ

〈メイン食材〉合いびき肉

じつは簡単！ 材料をいっぺんに入れて手早くこねるだけ！

Use Item!
26cm フライパン

材料（2人分）

◆ 肉だね

A
- 牛豚合いびき肉……… 250g
- 玉ねぎ…………………… ⅓個
- パン粉（ドライ）…… ½カップ強
- 卵………………………… 1個
- 牛乳…………………… 大さじ2
- 塩…………………… 小さじ¼弱
- こしょう、オールスパイス
  ………………………… 各少々

※オールスパイスは、肉料理に合う粉末状のスパイスのこと

サラダ油………………… 小さじ1

細かいみじん切りにする

◆ ソース

B
- ケチャップ………… ¼カップ
- ウスターソース…… 大さじ2
- 白ワイン（なければ酒、赤ワイン）
  …………………… ¼カップ
- 水………………… ⅓カップ
- 砂糖……………… 小さじ½
- 片栗粉…………… 小さじ⅓
  （大さじ1の水で溶いておく）

◆ 付け合わせ
- 型抜きにんじん………… 4個
- ベビーリーフ……………… 適量
- スナップえんどう………… 4本

※野菜など、切り方の指示があるものは、イラストを参考に、分量分を切っておく。

Let's cooking!

下準備

[付け合わせを作る]
- スナップえんどうは湯を沸かし**中火**で**3分**、にんじんは5mm厚さの輪切りにしてから型で抜き**4〜5分**、ゆでてザルに上げて冷ましておく。
- スナップえんどうを手で半分に裂き、ベビーリーフは洗っておく。

1 肉だねを作り、だ円形にする

- **A**をすべてボウルに入れる。

ポイント
玉ねぎは炒めず、生のまま入れてOK。

- 20回ほど手で練るように混ぜる。パン粉の粒や卵が完全に混ざればOK。何十回もこねなくてよい。

- 2等分して厚さ2cmくらいのだ円形にまとめ、中央をややへこませる。

続きは次のページ

2 焼く

- フライパンにサラダ油を**中火**で熱し、**すぐにハンバーグを並べる。**

ポイント
フライパンが熱くならないうちに並べてOK。

- 両面**各2分**、**中火**のままほんのり焦げ目が付くまで焼く（写真）。表面を焦がさないように注意する。
- **ふたをして弱火にし、6〜9分**火を通す。**4分ほど経ったら一度、裏返す。** こうすると焼きムラができない。

- 竹串を刺して、透明な汁が出てくれば焼き上がり。器に盛り付ける。
- フライパンを一度洗ってきれいにする。

ポイント
フライパンに付いた脂などをしっかりふき取り一度洗う。そのまま使うとソースがなめらかに仕上がらない。

3 ソースを作り、盛り付ける

- フライパンに**B**を**中火**で煮立てる。そのまま**2〜3分**、ヘラで混ぜながら煮てアルコールをとばす（写真）。水溶き片栗粉を加え、**弱火で30秒〜1分**、ヘラで手早く混ぜながら煮る。とろみがついたら火からおろす。
- ハンバーグの上からソースをかける。
- 付け合わせを添える。

覚えておくと便利！ ソースの味の調整方法4か条

- 味が濃い ➡ 水を足す
- 酸味が気になる ➡ 砂糖を足す
- 甘すぎる ➡ ソースを足す
- コクを出したい ➡ しょうゆを足す

Arrange menu
チーズハンバーグ

お好みで仕上げに溶けるチーズをのせてもおいしい！型で抜いたチーズをのせれば、さらに食卓にかわいさがアップします。また、肉だねを成形するときに、真ん中にはさむように入れると、チーズインハンバーグにも。ちょっとした工夫で味や見た目に変化を付けることができますよ。

〈洋食〉ハンバーグ

教えて先生！ Q&A

Q 肉の選び方のポイントを教えてください。

A 合いびき肉は、ほどよく脂が入っているものを選びましょう。脂分が多すぎると焼いているときの焼き縮みも大きく、くどい味わいになってしまいます。白い粒が少々ありピンク色をしたものを選ぶと、ほどよい脂が入っていてジューシーに仕上がります。

Q ハンバーグの保存方法を教えてください。

A 焼いたハンバーグは、粗熱を取って空気が入らないようラップをしっかりすれば、2〜3日冷蔵庫で保存できます。また、冷凍すれば、1〜2週間保存しておけます。多めに作ってストックおかずにしても便利です。

Q ハンバーグのアレンジ方法を教えてください。

A 2cm角に切ってドリアに加えたり、ご飯の上に目玉焼きと合わせてのせてロコモコ風にしてもおいしいです。大根おろしとポン酢をかければ、和風ハンバーグにもなります。小さめに作ってお弁当のおかずにも便利です。

> 直接鍋でできちゃうので、オーブンがなくてもOK！

ミートローフ

〈メイン食材〉合いびき肉 / western food

作り方はハンバーグのアレンジ版。さらに簡単に作れます！

Use item! 18cm 鍋

材料（4〜6人分）

◆ 肉だね

A:
- 牛豚合いびき肉 … 500g
- 玉ねぎ … 2/3個（100g）
- パン粉（ドライ）… 1カップ
- 卵 … 2個
- 牛乳 … 1/4カップ
- 塩 … 小さじ1/2
- こしょう、オールスパイス … 各少々

 細かいみじん切りにする

- サラダ油 … 小さじ1
- 卵 … 4個
- 薄力粉 … 適量

◆ ソース

混ぜ合わせておく

B:
- ケチャップ … 1/2カップ
- ウスターソース … 大さじ4
- 白ワイン（なければ酒、赤ワイン）… 1/2カップ
- 水 … 2/3カップ
- 砂糖 … 小さじ1

- 片栗粉 … 小さじ1/2〜2/3（大さじ2の水で溶いておく）

◆ 付け合わせ
- 黄色プチトマト … 4個（半分に切る）

※野菜など、切り方の指示があるものは、イラストを参考に、分量分を切っておく。

〈洋食〉ミートローフ

下準備	鍋に水と常温に戻した卵（4個）を入れ、中火で一度沸騰させたら、弱火にして8分ゆでて、冷水に取り皮をむく（詳細は189ページ参照）。	
1 肉だねを作る	 ・**A**をテフロン加工の鍋にすべて入れて、20回ほど手で練るように混ぜる。パン粉の粒や卵が完全に混ざればOK（テフロン加工の鍋でない場合は、**A**をボウルに入れて練る）。 ・こねたら半量をボウルに移す。	
2 鍋に詰める	 ・ゆで卵を半分に切り、バットに並べて薄力粉をまぶす。 ・鍋に入っている肉だねを手で押さえて平らにし、その上にゆで卵を敷き詰める（テフロン加工の鍋でない場合は、肉だねを入れる前に鍋底にサラダ油をペーパータオルで塗っておく）。 ・残りの肉だねを加えて、しっかりと敷き詰めて表面を平らにする。 ・鍋を中火にかけ、ふたをして2〜3分加熱する。	**ポイント** 卵に粉をまぶすことで肉だねから分離しにくくなる。
3 焼く	 ・鍋が温まって脂が少し出てきたら、火を弱める。ふたをしたまま強めの弱火で8〜10分加熱する。 ・脂が出てきたらふたをあける。肉に火が通ってから、鍋を傾けてペーパータオルで吸い取る。	**ポイント** しっかりと脂を吸い取ることで、ソースが脂っぽくなるのを防ぐ。
4 ソースを作り、盛り付ける	 ・**3**に**B**を加えて、ふたはせず強めの弱火で4〜5分煮る。 ・フライ返しやヘラで切り分ける。鍋を傾けて、ヘラなどで支えながら器に移す。 ・鍋に残ったソースは、水溶き片栗粉でとろみをつけてミートローフの上からかけ、プチトマトを飾る。	

焼き加減のコツは「もうちょっと焼こうかな？」くらいで止めること

western food
〈メイン食材〉
牛肉

ステーキ

絶品まろやかソースは、赤ワインと水で薄めてからとろみをつけるのがポイント。

18cm 鍋

26cm フライパン

材料（2人分）

◆メイン
- 牛ステーキ用……2枚(160g×2)
- 塩……………………小さじ¼〜⅓
- ブラックペッパー…………少々
- オリーブ油……………大さじ½
- バター………………………5g
- 赤ワイン………………大さじ2

◆ソース
- 赤ワイン………………¼カップ
- 水………………………¼カップ
- バター………………………5g
- マッシュルーム……………5個
- しょうゆ………………大さじ⅔
- 砂糖……………………小さじ¼
- 片栗粉…………………小さじ⅓
  （大さじ1の水で溶いておく）

→ 4mmの薄切りにする

◆付け合わせ
- じゃがいも………………小1個
  （皮をむいて4〜6等分に切り、さっと水にさらす）
- にんじん………………⅓本(60g)
  （シャトー切りにする）
- バター………………………5g
- 塩……………………………少々
- クレソン……………………適量
  （食べやすい大きさにちぎる）

※野菜など、切り方の指示があるものは、イラストを参考に、分量分を切っておく。

Let's cooking!

下準備

- ステーキ用肉は、焼く30分前に冷蔵庫から出して、常温に戻しておく。
- 両面に塩、ブラックペッパーをふる。塩は高い位置からふると、まんべんなくまぶせる。かたまりは、手でなじませる。

ポイント
ステーキ用肉は、脂が多ければ、周囲の脂身を少し切り落とす。

1 付け合わせを作る

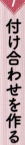

- じゃがいもとにんじんは、中火で10分ほど柔らかくなるまでゆでて、ザルに上げる。
- 空にした鍋に、じゃがいも、にんじんを戻し入れ、バター（5g）、塩（少々）を加えて、弱火で30秒〜1分炒める（写真）。

2 焼く

- フライパンにオリーブ油、バター（5g）を強めの中火で熱し、盛り付けたときに上になる面を下にして30秒〜1分焼く。
- 肉が厚めのときは、少し長めに1分〜1分半ほど焼く。

- 裏返してそのまま10〜20秒焼く。
- 赤ワインを加えてさらに20〜30秒焼き、器に盛り付ける。

ポイント
フライパンは、牛肉を入れたときに「ジュッ」と音がするくらいまで熱する。

3 ソースを作り、盛り付ける

- フライパンを一度洗ってきれいにし、バター（5g）を中火で熱してマッシュルームを1〜2分炒める。
- 赤ワイン、水を入れ、そのまま中火で煮立てる。しょうゆ、砂糖、水溶き片栗粉を加えて弱火にし、最後に1分ほどヘラで混ぜながら煮る。
- ステーキに付け合わせを添え、ソースをかける。

初めてでも失敗しない包み方を教えます！

オムライス

〈メイン食材〉卵 western food

パラパラ食感のご飯は、ケチャップを煮立て、水分をとばしてから加えるのがコツ！

材料（2人分）

◆ケチャップライス
- 温かいご飯 …… 茶碗2杯分 (350g)
- ベーコン …………………… 2枚
- 玉ねぎ ……………………… ¼個
- オリーブ油 ……………… 大さじ1
- A ケチャップ ………… 大さじ3
  ウスターソース …… 小さじ1
- 塩、こしょう …………… 各少々

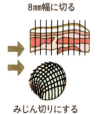

8mm幅に切る
↓
みじん切りにする

◆薄焼き卵

混ぜ合わせておく
- B 卵 …………………………… 3個
  牛乳 ……………… 大さじ½
  塩、こしょう …………… 各少々
- バター ……………………… 8g
- ケチャップ ………………… 適量

◆付け合わせ
- フリルレタス ……………… 適量
  （食べやすい大きさにちぎる）
- くるみ ……………………… 適量
- ドレッシング ……………… 適量

※野菜など、切り方の指示があるものは、イラストを参考に、分量分を切っておく。

Let's cooking!

〈洋食〉オムライス　part 1

下準備	・Aを小さいボウルに入れて混ぜ合わせておく。 ・Bをボウルに入れる。泡立てないようボウルの底に箸をつけて切るように混ぜ合わせておく。	

1 ケチャップライスを作る

- 深めのフライパンにオリーブ油を中火で熱し、すぐにベーコン、玉ねぎを入れて2分炒める。
- 混ぜ合わせておいたAを加え、そのまま1分ほどヘラで混ぜながら水分をとばす。

ポイント
フライパンを熱しすぎると、具を入れたときにすぐ焦げてしまうので注意。

Aの水分をしっかりとばすとケチャップライスがベタつかない。

- ご飯を加える。全体をヘラで切るように混ぜながら、中火のまま2分炒め、塩、こしょうで味を調える。

2 木の葉形にする

- 1を器に半量のせる。上からラップを巻く。木の葉形に整えたら盛り付け用の器に移し、ラップをはずす。
- 残りの半量も同様に行う。

ポイント
あらかじめご飯の形を軽く整えておくと、きれいに仕上がる。

3 薄焼き卵を作る

- 小さめのフライパンにバターの半量（4g）を中火で熱し、半分溶けてきたら混ぜ合わせておいたBの半量を加える。菜箸で大きく3回ほど円を描くように混ぜる。
- 弱火にしてそのまま卵の下の面が固まるまで火を通す（上の面は半熟でよい）。

4 薄焼き卵をかぶせて形を整える

- 卵の中央からやや奥に菜箸を1本差し込む。そこからくるくると菜箸を回すようにしながらそっと持ち上げる。そのままケチャップライスの上に半熟の面を下にしてかぶせる。

ポイント
卵の下の部分がしっかりと固まっていないと、持ち上げたときにやぶれてしまうので注意。

- ペーパータオルかラップをかけ、上から形を整える。
- 残りの半量の卵も同様に行う。
- ケチャップをかけ、付け合わせを添える。

ポイント
この方法なら失敗しにくい。お弁当などでオムライスを作るときも、この方法がおすすめ。お弁当に入れる場合は、卵の両面にしっかり熱を通す。

市販のホワイトソースが、こんなに本格的な味わいに!

クリームシチュー

〈メイン食材〉鶏もも肉 / western food

鶏肉の余分な脂と皮を取り除くと、グンと食感がよくなります。

Use Item! 18cm 鍋

材料(2人分)

鶏もも肉 ………… ½枚
玉ねぎ ……………… ½個 → 8等分のくし形切りにし、1枚ずつバラバラにする
にんじん ………… ⅓本(60g) → 皮をむいて乱切りにする

じゃがいも ………… 1個 → 皮をむいて4〜6等分に切り、さっと水にさらす
ブロッコリー ……… 4房 → 小房に分ける
バター(またはオリーブ油大さじ1) ……………… 8g
白ワイン(なければ酒) ……………… 大さじ1

水 ………………… 150ml
ホワイトソース(缶詰) ……………… ½缶(150g)
牛乳 ……………… 70ml
塩、こしょう …… 各少々

※野菜など、切り方の指示があるものは、イラストを参考に、分量分を切っておく。

〈洋食〉クリームシチュー

下準備

- ブロッコリーは湯を沸かした鍋に入れ、**中火で2分**ほど硬めにゆでてザルに上げておく。
- 鶏もも肉は肉からはみ出している脂と余分な皮を取り、4cm角に切って塩、こしょうする。

ポイント
ブロッコリーは、最後に加えてもよいが、タイミングが難しいので、あらかじめゆでておくのがおすすめ。

1 焼く

- 鍋にバターを**中火**で熱し、溶けてきたら**鶏肉を皮目から入れる**。焦がさないように**片面2分**ずつ両面を焼く。肉は、**しっかり焼き色が付くまであまり触らない**こと。
- 白ワインを加え、さらに**30秒**焼く。

ポイント
鍋に焦げがついてしまったら、シチューに焦げ色を残さないよう、ペーパータオルでふく。

2 炒める

- 玉ねぎ、にんじんを加え、さらに**中火で1〜2分**、焦がさないように炒める。

3 煮る

- 水を加えて一度中火で沸騰させたら**火を弱め、ふたをして弱火で4〜5分**煮る。アクが出てきたら取る。
- じゃがいもを加えて煮る。**ふたをして弱火のまま**じゃがいもに火が通るまで**7〜10分**加熱する。

ポイント
火が通りにくいにんじんを先に煮ておくと、じゃがいもと同じ硬さに仕上がる。

4 ソースを加え、味付けする

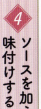

- じゃがいもに竹串が通るくらいになったら、ホワイトソースを加えて**中火**にし、**ひと煮立ちさせて火を弱め、弱火で2〜3分**煮る。
- 牛乳、ブロッコリーを加え、塩、こしょうで味を調える。沸騰しないように、**弱火のまま1分**煮る。

ポイント
牛乳を入れた後、沸騰させると分離してなめらかさがなくなってしまうので注意。

さらに本格的な味わいを目指す人は…

材料の牛乳の分量のうち30㎖（大さじ2）を生クリームに替えると、さらになめらかでコクのある味わいになります。
こしょうは、できればホワイトペッパーを使いましょう。ブラックペッパーなどの黒いこしょうだと、クリームシチューに粒が浮いてしまいます。

牛肉はバターで焼いてからじっくり煮込むと、ほろりと柔らかい食感に

ビーフシチュー

〈メイン食材〉**牛肉** / western food

Use Item! 22cm 鍋

赤ワインをたっぷり加えてコクを出します。少し時間をかけて本格的な味を楽しんで。

材料（2〜3人分）

牛すね肉（カット）またはバラ肉 ……… 300g
塩、ブラックペッパー ……… 各少々
玉ねぎ ……… 1個 → 6等分のくし形切りにする
にんじん ……… ½本 → 大きめのシャトー切りにする
セロリ ……… ¼本 → 斜め薄切りにする

にんにく ……… 1かけ → みじん切りにする
じゃがいも ……… 1個 → 皮をむいて4〜6等分に切り、さっと水にさらす
ブロッコリー ……… ¼株 → 小房に分ける
バター ……… 12g
赤ワイン ……… 1カップ
ローリエ ……… 2枚
カットトマト（缶詰）……… ½カップ
水 ……… 1カップ
デミグラスソース（缶詰）……… 1缶（290g）
塩、ブラックペッパー ……… 各少々
生クリーム（お好みで）……… 大さじ1・½

※野菜など、切り方の指示があるものは、イラストを参考に、分量分を切っておく。

下準備

- 牛肉の両面に塩、ブラックペッパーをふる。
- ブロッコリーは湯を沸かした鍋に入れ、**中火で2〜3分**ほどゆでてザルに上げておく。

ポイント
牛肉は、少し大きめにカットされているほうがおいしく仕上がる（長さ6〜8㎝、厚さ1.5㎝程度）。

1 焼く

- 鍋にバターを**中火**で熱し、牛肉を入れて**片面2分**焼く。**焼き色がつくまでは肉にあまり触らない**。焼き色がついたらトングや菜箸で裏返し、もう片面も同様に**2分**焼く。

2 炒める

- 玉ねぎ、にんじん、セロリ、にんにくを一度に加える。**弱めの中火**にして**2〜3分**、油がなじむまで炒める。

ポイント
焦がさないように注意する。

3 煮込む

- 赤ワインを加え**中火**にして煮立てる。そのまま3〜4分煮る。
- 水とカットトマト、ローリエを加え、**中火**で一度沸騰させてアクを取る（写真）。
- **ふたをして弱火にし40〜50分煮る**。ときどき静かにかき混ぜる。**野菜が柔らかくなっているので、つぶさないように混ぜる**。

ポイント
赤ワインをたっぷり入れるのがおいしさのポイント。しっかりとアルコールを蒸発させる。

すね肉は長時間煮込むと、ほろりとくずれるほど柔らかくなる。

4 味付けする

- ふたを取り、デミグラスソースを加えて静かに混ぜる。最後にじゃがいもを加える。**ふたをして弱火で**じゃがいもが柔らかくなるまで**20〜30分**煮込む。
- 塩、ブラックペッパーで味を調える。
- 器に盛り付け、ブロッコリーを添える。お好みで生クリームをかける。

牛肉の種類について

牛肉はすね肉か、バラ肉がおすすめ。すね肉は、ふくらはぎの肉で筋が多く硬い部位ですが、じっくり煮込むと柔らかくなり旨味もたっぷり出ます（今回はすね肉を使用しています）。バラ肉は、肋骨についている肉で、赤身と脂肪が層になっているのが特徴。脂肪が多い分、煮込むと濃厚な旨味が出ます。

味付けにしょうゆと砂糖を加えることで深みのある味に

ミートソーススパゲティ

〈メイン食材〉パスタ western food

スパゲティはゆでた後にオリーブ油をからめると、くっつきにくく風味もアップ。

材料（2人分）

- スパゲティ（1.6mm）……… 160g
- ◆ミートソース
- 牛豚合いびき肉……… 250g
- 玉ねぎ……………… 1/3個
- にんにく…………… 1かけ
- にんじん………… 1/4本（45g）

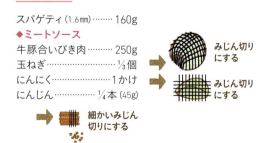

- オリーブ油………… 大さじ2
- 赤ワイン（なければ白ワイン）
  ……………………… 1/3カップ
- カットトマト（缶詰）
  ……………………… 1缶（400g）
- 塩……………………… 小さじ1/3
- 砂糖…………………… 小さじ2/3
- こしょう、あれば
  　オールスパイス…… 各少々
- しょうゆ…………… 小さじ1
- ◆トッピング
- 粉チーズ（パルメザンなど）‥適量
- パセリのみじん切り…… 適宜

※野菜など、切り方の指示があるものは、イラストを参考に、分量分を切っておく。

〈洋食〉ミートソーススパゲティ

1 ミートソースの具を炒める

- 鍋にひき肉を入れて、中火で5分炒める。脂が出てきたら、肉に火が通ってから、ペーパータオルで吸い取る。

- オリーブ油（大さじ2）を加える。玉ねぎ、にんにく、にんじんを加えて、中火のまましっとりしてくるまで5分ほど炒める。

ポイント
余分な脂を吸い取り、新しくオリーブ油を加えることで風味もよくなる。

2 煮込む

- 赤ワイン、カットトマトを加え、さらに中火で沸騰するまで加熱する。
- 沸騰したら火を弱め、弱火でふたをして30分、ときどき混ぜながら煮る。途中、水分が蒸発しすぎたら水を少し足す。
- 塩、砂糖、こしょう、オールスパイス、しょうゆで味を調える。

3 スパゲティをゆでる

- スパゲティは、深めのフライパン（または鍋）に2ℓの湯を沸かして塩（大さじ1・分量外）を加え、強めの中火でときどき混ぜながら表示時間どおりゆでる。ザルに上げ、すぐにオリーブ油（小さじ2・分量外）をまぶす。

4 炒める

- 深めのフライパンにゆでたスパゲティと2のソースを入れ、中火で手早く30秒〜1分炒めてからめる。
- 器に盛り付け、粉チーズをかける。お好みでパセリのみじん切りを散らす。

ポイント
パセリのみじん切りはアクがあるので、一度ペーパータオルに包み、水にさらして絞るとよい。

one point advice

スパゲティの分量と太さについて

スパゲティの量は、1人分70g〜100g程度、太さはお好みで1.4〜1.9mmがおすすめです。ミートソースが余ったら、保存容器や保存用袋で2週間ほど冷凍保存できます。ドリアやバケットサンドなどのメニューで使いまわしてもOK。

懐かしい洋食屋さんの味！やや太めのスパゲティがおすすめ。

ナポリタン

〈メイン食材〉パスタ western food

奥深い味のポイントは、ケチャップにウスターソースを加えること！

Use Item! 26cm 深いフライパン　Use Item! 26cm フライパン

材料（2人分）

スパゲティ（1.6〜1.9mm） …………… 160g
◆具
玉ねぎ ………………… 1/3個 → 薄切りにする
ウインナー（粗びき）……… 4本 → 斜め薄切りにする

ピーマン ……………… 1個 → ヘタと種を取り、細切りにする
白ワイン ……………… 大さじ1
オリーブ油 …………… 大さじ1
A｜ケチャップ ……… 大さじ4
　｜ウスターソース ……………… 小さじ1・1/2

こしょう ……………… 少々
粉チーズ（パルメザンなど）
……………………… 適量

※野菜など、切り方の指示があるものは、イラストを参考に、分量分を切っておく。

〈洋食〉ナポリタン

1 スパゲティをゆでる

- スパゲティは、深めのフライパン（または鍋）に2ℓの湯を沸かして塩（大さじ1・分量外）を加え、**強めの中火**でときどき混ぜながら表示時間どおりゆでる。
- ゆで上がったスパゲティをザルに上げ、すぐにオリーブ油（小さじ2・分量外）をまぶす。

ポイント
ナポリタンには、やや太めのスパゲティ（1.6〜1.9㎜）がおすすめ。

2 具を炒める

- スパゲティをゆでている間に、フライパンにオリーブ油（大さじ1）を熱し、玉ねぎ、ウインナー、ピーマンを**中火**で**3分**炒める。焦がさないように注意する。

ポイント
スパゲティがゆで上がるまでにソースの準備をしておくことが大切。

3 調味料を加える

- 白ワイン、**A**、こしょうを加え、**中火**のまま**30秒〜1分**炒める。

4 炒める

- **3**にスパゲティを加えて、**中火で手早く1分炒めて**からめる。
- 器に盛り付け、粉チーズをかける。

ポイント
炒めすぎると粘りが出てしまうので手早く炒める。

スパゲティの種類について

本書では、1.6㎜のスパゲティを使用していますが、さまざまな太さのものが売られています。生パスタなどは、コシがあってより本格的に。カッペリーニなどの極細のパスタは、あっさりとしたソースや冷たいスパゲティに向いています。

> 口当たりがまろやかで、やさしい味わい

クリームスパゲティ

材料(2人分)

スパゲティ(1.6mm)……… 160g
ベーコン…… 2枚 (2cm幅に切る)
玉ねぎ…… ¼個 (薄切りにする)
オリーブ油……… 大さじ1・½
白ワイン……………… 大さじ1
レモン汁……………… 小さじ1
生クリーム………… ⅓カップ
牛乳………………… ⅓カップ
こしょう………………… 少々
塩、ブラックペッパー
……………………… 各少々

1 具を炒める

- フライパンにオリーブ油を**強めの弱火**で熱し、ベーコン、玉ねぎを4〜6分じっくりと焦がさないよう炒める。

2 クリームソースを作る

- *1*に白ワイン、レモン汁を加えて**中火**にし、30秒〜1分煮る。
- **火を止めて**、生クリーム、牛乳、こしょうを加える。

ポイント レモン汁を入れると爽やかな風味になる。また、ここで卵黄(1個)を加えると、カルボナーラ風になる。

3 スパゲティをゆでる

- スパゲティは、深めのフライパン(または鍋)に2ℓの湯を沸かして塩(大さじ1・分量外)を加え、**強めの中火**でときどき混ぜながら表示時間どおりゆでる。
- ゆで上がったスパゲティをザルに上げる。

4 炒める

- *3*を*2*に加えて、**弱めの中火**で**手早く30秒〜1分炒めて**からめる。
- 塩で味を調える。器に盛り付け、お好みでブラックペッパーをふる。

ポイント 塩は、パスタの塩味があるので、味をみてから最後に加えるとよい。

アサリのボンゴレスパゲティ

> アサリをたくさん加えて、旨味たっぷり！

Use Item! 26cm フライパン / Use Item! 26cm 深いフライパン

材料（2人分）

- スパゲティ（1.6mm）……… 160g
- アサリ ……………………… 250g
- にんにく ……………………… ½かけ
  （みじん切りにする）
- 玉ねぎ … ¼個（みじん切りにする）
- オリーブ油 …………… 大さじ2
- 白ワイン …………… ¼カップ
- 唐辛子 …………1本（種を取り出す）
- パセリのみじん切り ……… 適宜

下準備

- 砂抜き（やり方は63ページ参照）後、殻と殻をこすり合わせてよく洗う。

〈洋食〉クリームスパゲティ／アサリのボンゴレスパゲティ

1 炒める

- フライパンにオリーブ油（大さじ1）とにんにく、玉ねぎ、唐辛子を入れ、**弱火**にかける。
- 香りが出るまで**3〜4分**じっくり炒める。

2 アサリを煮る

- アサリと白ワインを加えて**中火**にして煮立て、**アルコールをとばす**ようにふたをしないで2〜3分煮る。
- ふたをして少し火を弱め、強めの弱火でさらに2〜3分、アサリの口が開くまで火を通す。

3 スパゲティをゆでる・炒める

- スパゲティは、深めのフライパン（または鍋）に2ℓの湯を沸かして塩（大さじ1・分量外）を加え、強めの中火でときどき混ぜながら表示時間どおりゆでる。
- ゆで汁（大さじ2・½）を**2**に加える。

- 湯を切ったスパゲティを**2**に加えて、上から残りのオリーブ油（大さじ1）をかけ、**強めの弱火にして30秒〜1分、手早く炒めて**からめる。
- 器に盛り付け、お好みでパセリのみじん切りを散らす。

市販のカレー粉でできる、お店のような本格派の味

バターチキンカレー

〈メイン食材〉鶏もも肉 western food

コクととろみの秘訣は、アーモンドパウダーを加えること！

Use Item! 22cm 鍋

材料(2人分)

- 鶏もも肉………小2枚(約400g)
- A
  - プレーンヨーグルト……………½カップ
  - カレー粉………大さじ1
- 玉ねぎ…………1・½個
- バター……………40g

粗みじん切りにする

- B
  - カットトマト(缶詰)……………½カップ
  - しょうがすりおろし……………小さじ1
  - 水………………½カップ
  - 塩………………小さじ2
  - カレー粉………大さじ1
  - ローリエ………2枚

- アーモンドパウダー…大さじ1・½
- 生クリーム…………½カップ (乳脂肪45％程度)
- チリパウダー(飾り)………少々
- ご飯……………茶碗2杯分(350g)

◆付け合わせ
- サニーレタス……………適量 (食べやすい大きさにちぎる)
- アルファルファ、アーモンド…適量

※野菜など、切り方の指示があるものは、イラストを参考に、分量分を切っておく。

Let's cooking!

〈洋食〉バターチキンカレー

下準備		・鶏もも肉は皮と脂を取って2cm角に切り、ボウルに入れて**A**をもみ込む（時間に余裕があれば**30分以上**漬けると、よりおいしくなる）。	**ポイント** 漬けておくときは、ぴったりとラップをして冷蔵庫に入れる。
1 玉ねぎを炒める		・鍋にバターを**中火**で熱する。玉ねぎを入れ、**弱めの中火**でじっくりと**5～10分**しっとりするまで**焦がさないように炒める**。	**ポイント** 玉ねぎは、しっかり炒めることで甘味と旨味が出る。
2 鶏肉と煮る		・鶏肉と漬けだれを残さず加える。**中火**にして**2～3分**炒め、**B**を加える（写真）。一度沸騰させ、**ふたをして弱火にし、ときどきかき混ぜながら10～15分煮る**。	
3 とろみがつくまで煮る		・ふたを取り、アーモンドパウダー、生クリームを加える。**中火**にして、ほどよいとろみがつくまで**5分**ほど煮る。 ・ご飯とともに器に盛り付け、付け合わせを添える。仕上げに、チリパウダーをかける。	

 **辛さはお好みで調整して**

辛いカレーが好きな人は、種を取った鷹の爪を1本、ローリエと同じタイミングで加えると辛みが増します。また、米は炊飯器の水加減より2mm少なくして硬めに炊くとカレーとよく合います。米の代わりに市販のナンを添えてもおいしいです。

ロールキャベツ（コンソメ味）

ぴったりサイズの鍋で煮れば、煮くずれる失敗なし！

材料（2人分）

みじん切りにする

A
- キャベツ（外葉）……… 4枚
- 牛豚合いびき肉……… 200g
- 玉ねぎ……… ¼個
- 塩……… 小さじ¼弱
- こしょう……… 少々
- ドライハーブ（あれば）… 小さじ1
- パン粉……… ½カップ
- 卵……… ½個

- ベーコンスライス……… 4枚
- 水……… 1・½カップ
- 白ワイン（なければ酒）……… 大さじ2
- 固形コンソメ……… 1個
- つまようじ……… 4本
- パセリのみじん切り……… 適宜

※野菜など、切り方の指示があるものは、イラストを参考に、分量分を切っておく。

> 調理時間に少し時間がかかりますが、焦らずゆっくり作ってみましょう！

Let's cooking!

下準備
- キャベツの葉は、包丁の先端で根元に切り込みを入れて、流水に当てながら1枚ずつはがす。こうすると、やぶれず丸ごときれいにはがれる。

1 キャベツをゆでる

- 鍋に湯を沸かし、**中火**でキャベツをゆでる。1〜2枚ずつ、根元から入れて、1〜2分しんなりするまでゆで、ザルに上げる。これを繰り返して4枚ゆでる。冷水でさっと冷やして水気を切る。

続きは次のページ

2 肉だねを作る

- キャベツの芯を包丁で薄く削いで、細かく刻む。

- ボウルにAと刻んだキャベツの芯を合わせてこねる。20回ほど手で練るように混ぜる。パン粉の粒や卵が完全に混ざればOK。

3 成形する・包む

- 2を4等分して俵形に丸める。

  ポイント
  あらかじめ形を整えてまとめておくことで包みやすくなる。

- キャベツの葉を広げ、手前に肉だねをのせる。手前を一度折り、左右をたたんでくるくる巻いていく。

  ポイント
  たくさん作るときにキャベツの小さい葉も使うときは、2枚重ねて使うと作りやすい。

- ベーコンを巻いて、つまようじで止める。

4 煮込む

- 4個がちょうど入るくらいの鍋（約18cm）に3を巻き終わりを下にして入れ、水、白ワイン、コンソメを加えて強めの中火で一度沸騰させる（写真）。

  ポイント
  ロールキャベツがぴったりと入るくらいの鍋で煮ると、動かずに崩れない。

- 弱火にしてアルミホイルなどで落としぶたをし、さらに上からふたをして、30〜40分煮る。10〜15分経ったところで一度上下を返すとムラがなく仕上がる。

  じっくりと30〜40分煮ることで、キャベツの葉も柔らかくなる。

- 器に盛り付け、お好みでパセリのみじん切りを散らす。

Arrange menu
ロールキャベツ（クリーム味）

材料（2人分）

A
- キャベツ（外葉）……… 4枚
- 合いびき肉 ……… 200g
- 玉ねぎ ……… ¼個
  （みじん切りにする）
- 塩 ……… 小さじ¼弱
- こしょう ……… 少々
- ドライハーブ（あれば）
  ……… 小さじ1
- パン粉 ……… ½カップ
- 卵 ……… ½個

- ベーコンスライス ……… 4枚
- 水 ……… 1・½カップ
- 白ワイン（なければ酒）…… 大さじ2
- 固形コンソメ ……… 1個
- 生クリーム ……… ⅓カップ
- つまようじ ……… 4本
- パセリのみじん切り ……… 適宜

作り方は、コンソメ味と同様。手順**4**で火を止める前に生クリームを加え、沸騰しない程度に温めたら火を止めます。仕上げにパセリを散らして彩りアップ。

Arrange menu
ロールキャベツ（トマトソース味）

材料（2人分）

A
- キャベツ（外葉）……… 4枚
- 合いびき肉 ……… 200g
- 玉ねぎ ……… ¼個
  （みじん切りにする）
- 塩 ……… 小さじ¼弱
- こしょう ……… 少々
- ドライハーブ（あれば）
  ……… 小さじ1
- パン粉 ……… ½カップ
- 卵 ……… ½個

- ベーコンスライス ……… 4枚
- 水 ……… 1カップ
- 白ワイン（なければ酒）…… 大さじ2
- 固形コンソメ ……… 1個
- カットトマト（缶詰）……… 1カップ
- 砂糖 ……… 小さじ1
- つまようじ ……… 4本

作り方は、コンソメ味と同様。水と一緒にカットトマト、砂糖を加えて煮込んでいきます。仕上げに粉チーズ、溶けるチーズなどをかけてもおいしい。

part 1 〈洋食〉エビフライ

エビフライ

この手順を覚えれば、どんな揚げ物にも応用できます！

 鍋 18cm　 揚げ鍋

材料（2人分）

◆エビフライ
- エビ（大〜特大）……………… 6尾
  （ブラックタイガー、大正エビなど）
- 塩、こしょう…………………… 各少々
- 薄力粉…………………………… 適量
- [混ぜ合わせておく]
  - A { 卵 …………………………… 1個
      薄力粉 ……………… 大さじ4
      水 …………………… 大さじ1 }
- パン粉（あれば生とドライを半量ずつ混ぜる）……………………… 適量
- 揚げ油…………………………… 適量

◆タルタルソース
- 卵 ……………………………… 1個
- 玉ねぎ………………………… ⅛個
- B { レモン汁 ………… 小さじ1
    マヨネーズ ……… 大さじ2
    塩、こしょう……… 各少々
    パセリのみじん切り
    …………………… 大さじ½ }

 みじん切りにする

◆ソース
- 中濃ソース……………………… 適量

◆付け合わせ
- キャベツ………………………… 3枚
  （千切りにする）
- レモン…………………………… ½個
  （くし形切りにして半分に切る）

※野菜など、切り方の指示があるものは、イラストを参考に、分量分を切っておく。

このレシピで「衣の付け方」をマスターすれば、お店の味が家でも作れちゃう！

Let's cooking!

下準備

[タルタルソースを作る]

- 鍋に水と常温に戻した卵（1個）を入れ、**中火**で一度沸騰させたら、**弱火**にして**8分**ゆでて、冷水に取り皮をむいて（詳細は189ページ参照）、フォークで細かくつぶしておく。
- みじん切りにした玉ねぎを耐熱容器に入れ、ラップでふんわりとおおい、電子レンジで**20〜30秒**加熱する。水にさらしてよく絞る。
- 細かくつぶしたゆで卵、玉ねぎ、**B**をボウルに入れ、よく混ぜ合わせる。

[エビの下処理をする]

- 63ページを参照してエビの下処理をする。

ポイント
玉ねぎのほか、あればピクルスのみじん切りを加えてもおいしい。

続きは次のページ

1 エビの準備をする

- エビは塩（小さじ1・分量外）、片栗粉（大さじ½・分量外）でもんで洗い流し、ペーパータオルで水気をよくふく。

2 衣を付ける

- エビをバットなどに並べ、塩、こしょう（各少々）をふってから、薄力粉をしっかりとまぶし付ける。
- 混ぜ合わせておいた**A**をバットに入れて、パン粉をもうひとつのバットに広げておく。エビを**A**にくぐらせてから、パン粉をたっぷりと付ける。衣をしっかりと付けたい場合は、もう一度**A**とパン粉を付ける。

ポイント

しっかりとパン粉を付けることで、はがれにくく、カリッとおいしい衣になる。最後に手で押さえるようにするとよい。

パン粉は粗くて食感のよい生パン粉と、細かいドライパン粉を半量ずつ混ぜると、まんべんなく付き、食感もよくなる。

3 揚げる

- 揚げ鍋に揚げ油を2cm深さまで入れる。170℃に熱した油で、中火で4分、カリッと色づくまで揚げていく。一度に全部入れると急に油の温度が下がってしまうので、半量の3尾ずつ揚げるとよい。揚がったものから網にのせて油を切る。
- 付け合わせ、タルタルソース、ソースとともに器に盛り付ける。

ポイント

衣が固まってくるまで箸でつつかないように注意する。

 **衣をしっかりと付けるのがおいしさの決め手**

エビにしっかりと下味を付けて、濃度のある卵液で衣をたっぷり付けるのがポイントです。パン粉は細かいものと粗いものを混ぜて使うと、よりしっかり付きます。

下処理の方法　エビ

1 剣先を折る。
剣先

2 殻をむく。

3 背ワタを竹串で取り除く。

4 尻尾の先を少し切り落とし、包丁でしごいて水気をしっかり出す。

5 筋に切り込みを2〜3mmほど入れる。

6 手でピキッと音がするまで、筋の切り込みごとに反らせる。

下処理の方法　アサリ

1 1ℓの水に対して塩（大さじ1・½）を溶かし（塩は水に対して2〜3％）、アサリを2時間ほど入れて砂抜きする。汚れたら新しい塩水に変えるのを2回ほど繰り返すとよい。

2 砂抜き後、殻と殻をこすり合わせて流水でよく洗う（砂抜き後にビニール袋に入れて、約1週間は冷凍保存もできる。使うときは、凍ったまま調理する）。

粉チーズと
ハーブ入りパン粉が
決め手

⟨メイン食材⟩ 鮭 *western food*

サーモンの
ハーブパン粉焼き

多めの油でカリッと焼くので、短時間ででき上がります。

材料(2人分)

◆**メイン**
生鮭(サーモンのほか、鯛などのクセのない魚でもOK)
……… 2切れ(約200g)
こしょう ……………… 少々
薄力粉 ………………… 適量
卵 ……………………… ½個

A ┃ パン粉(ドライ)…… 大さじ4
　┃ 粉チーズ(パルメザンなど)
　┃ ………………… 大さじ1
　┃ ドライハーブ(ミックスなど)
　┃ ………………… 小さじ1・½
　┃ 塩 ………………… 少々
オリーブ油 …………… 大さじ2

◆**ソース**
マヨネーズ …………… 大さじ2
レモン汁 ……………… 小さじ1
粒マスタード ………… 小さじ1
牛乳 …………………… 小さじ1
砂糖 …………………… 小さじ¼

◆**付け合わせ**
アボカド ……………… ½個
レモン、レモン汁 …… 適量
ベビーリーフ ………… 50g

Let's cooking!

〈洋食〉サーモンのハーブパン粉焼き

1 ソース・付け合わせを用意する

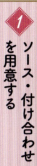

[ソース]
- ソースの材料を小さなボウルにすべて入れ、よく混ぜ合わせる。

[付け合わせ]
- アボカドは半分に切り込みを入れ、種を取り、皮を手でむく。カットしてレモン汁をまぶす。
- ベビーリーフは洗って水気を切る。
- レモンは半分に切ってスライスする。

2 鮭の水分をふき取る

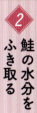

- ボウルに卵を割り入れて溶いておく。
- **A**をバットに入れて混ぜ合わせておく。
- ペーパータオルで<u>鮭の水分をふき取り</u>、こしょう、薄力粉をまぶす。

ポイント
水分をふくと臭みが取れる。

塩味はパン粉とソースにあるので、ここではこしょうのみでOK。

3 パン粉を付ける

- 溶き卵に鮭をくぐらせ、混ぜ合わせておいた**A**を手で押さえてのせるようにたっぷりと付ける。

4 焼く

- フライパンにオリーブ油を入れ、中火で30秒〜1分温める。
- <u>盛り付けたときに上になる面から焼く。火を弱め、強めの弱火にしてふたをする。片面2分〜2分半</u>ずつ両面を焼く。
- 器に盛り付け、ソースをかける。
- 付け合わせを添える。

ポイント
油が多めなので、火が強いと温度が上がりすぎてしまうので注意。焼き音がする程度に火加減を調節する。

最初からふたをして焼くことで、外はカリッと、中にもきちんと火が通っている状態に仕上がる。

美しく盛り付けるには

切り身魚は表面がどちらかわかりにくいですが、サーモンの場合は、皮を向こう側にして身の厚い方を左側に盛り付けると美しく見えます。

最後にパン粉とちぎったバターをのせて焼くと、サクサク感UP！

<western food>
〈メイン食材〉
エビ

エビマカロニグラタン

Use Item! 18cm 鍋 / Use Item! 26cm 深いフライパン / Use Item! オーブントースター

おいしさとコクの秘訣は、刻んだベーコンを入れること！

材料（2人分）

マカロニ……………… 50g
むきエビ……………… 80g
ブロッコリー………… 4房 → 小房に分ける
玉ねぎ………………… ½個 → 薄切りにする
ベーコン……………… 1枚 → 8mm角に切る

マッシュルーム……… 3個 → 5mm厚さに切る
バター………………… 8g
白ワイン……………… 大さじ2
塩、こしょう………… 各少々

混ぜ合わせておく
A　ホワイトソース（缶詰）
　　　……………… 1缶（290g）
　　牛乳 … ⅔カップ（約130mℓ）

溶けるチーズ………… 60g
パン粉………………… 大さじ2
バター………………… 5g

※野菜など、切り方の指示があるものは、イラストを参考に、分量分を切っておく。

Let's cooking!

〈洋食〉エビマカロニグラタン

下準備		・エビは、背に包丁で切り込みを入れて、背ワタを取り除く。塩（小さじ1・分量外）でもんで、水で流してペーパータオルでよくふく。 ・マカロニは、小鍋に500mlの湯を沸かして塩（小さじ½・分量外）を加え、強めの中火で表示時間どおりゆで、ザルに上げる。ゆでた湯でそのままブロッコリーを2〜3分ゆで、ザルに上げる。 ・Aをボウルに混ぜ合わせておく。
1 具を炒める		・深めのフライパンにバター（8g）を中火で熱し、強めの弱火にして玉ねぎを軽く炒めてから、ベーコン、マッシュルームを加え、さらに3〜4分炒める。 ・エビを加えて中火にし、2分炒めたら、白ワインを加えて、そのまま30秒煮立てる。
2 煮る		・ゆでたマカロニとブロッコリー、混ぜ合わせておいたAを加える。火を少し弱め、強めの弱火で2〜3分煮てとろみをつけ、塩、こしょうで味を調える。
3 焼く		・サラダ油（少々・分量外）を塗ったグラタン皿に2を半量ずつ入れる。 ・溶けるチーズ、パン粉の順にのせ、上から小さくちぎったバター（5g）を半量ずつのせる。 ・オーブントースターで8分、焦げ目が付くまで焼く。	ポイント オーブンの場合は220℃で15〜20分、焦げ目が付くまで焼く。

Arrange menu

マカロニグラタンの具は、お好みで替えて楽しみましょう。ゆでたじゃがいもやかぼちゃを加えるとホクホク感が出ておいしいです。エビの代わりに鮭、鶏肉、ウインナーなどでもGOOD。

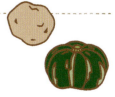

> ジューシーな
> メンチカツ!
> 何個でも
> 食べられちゃう♪

western food
〈メイン食材〉
合いびき肉

キャベツ入りメンチカツ

Use Item!
揚げ鍋

キャベツを入れることで、くどくなく食べやすいメンチカツに仕上がります。

材料(2人分)

◆ 肉だね

A
- 牛豚合いびき肉 …… 200g
- 玉ねぎ …… 1/6個
- パン粉 …… 1/2カップ
- 卵 …… 1/2個
- キャベツ …… 2枚
- 塩 …… 小さじ1/4
- こしょう …… 少々
- オールスパイス …… 少々

→ みじん切りにする

→ 千切りにする

混ぜ合わせておく

B
- 卵 …… 1個
- 薄力粉 …… 大さじ3
- 水 …… 大さじ1

- 薄力粉 …… 適量
- パン粉 …… 適量
- 揚げ油 …… 適量

◆ 付け合わせ

- レモン …… 1/3個
  (くし形切りにする)
- ローズマリー、ラディッシュ
  …… 適量

※野菜など、切り方の指示があるものは、イラストを参考に、分量分を切っておく。

Let's cooking!

1 肉だねを作る

- **A**をすべてボウルに入れて、20回ほど手で練るように混ぜる。パン粉の粒や卵が完全に混ざればOK。

2 成形する

- **1**を4等分にして、平たい丸形（またはだ円形）にまとめる。厚みは2cmほどにする。
- バットに薄力粉、パン粉をそれぞれ広げておく。
- ボウルに**B**を入れ、混ぜ合わせておく。

ポイント
厚みがありすぎると火が通りにくいので注意。

3 衣を付ける

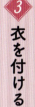 

- 薄力粉、混ぜ合わせた**B**、パン粉の順にそれぞれを全体にしっかり付ける。
- 手でしっかりとパン粉を押さえるようにして、形を整える。

ポイント
衣は揚げている途中で中身が出てこないよう、しっかりと付ける。

4 揚げる

- 揚げ鍋に揚げ油を2cm深さまで入れる。中火にかけ170℃に熱した油で、6〜8分、中に火が通るまで揚げる。
- 網にのせて油を切り、付け合わせとともに器に盛り付ける。

揚げ物の油の種類について

フライを揚げるときは、一般的にはサラダ油を使用しますが、オリーブ油を1/5量ほど加えて揚げてもよいでしょう。オリーブ油は、酸化に強いオレイン酸を多く含んでおり、脂肪がつきにくいといわれています。

骨付き鶏が旨味を一気にUP！

骨付き鶏のポトフ

粒こしょうを丸ごと加えることでワンランク上の味に。

材料（2人分）

- 鶏手羽元……………… 4本
- 塩、こしょう………… 各適量
- ウインナー（粗びき）……… 4本
- 玉ねぎ………………… 1個 半分に切る
- にんじん……………… 1本 縦半分に切り、3〜4等分する
- キャベツ……………… 1/4個

 くし形切りにする（根元は切り離さない）

- セロリ………………… 1/3本
- バター………………… 10g
- 白ワイン……………… 大さじ2
- 水……………………… 4カップ
- 固形コンソメ………… 1個
- 粒こしょう…………… 8粒
  （なければ黒こしょう）
- ローリエ……………… 1枚

 筋を除いて、6〜7cmのスティック状に切る

◆お好みで添える
粒マスタード
ゆずこしょうなど

※野菜など、切り方の指示があるものは、イラストを参考に、分量分を切っておく。

part 1 〈洋食〉骨付き鶏のポトフ

下準備

- 鶏肉は水でさっと洗って、ペーパータオルで水気をふき取る。バットに並べて塩、こしょうをやや強めにして臭みを取る。

1 焼く

- 鍋にバターを**中火**で熱し、**鶏を皮が多いところから焼く**。

- **中火**で**片面2〜3分**ずつ両面を焼いて、焼き色を付ける。

2 煮込む

- **1**に玉ねぎ、にんじん、キャベツ、セロリを形をくずさないように入れてから、白ワイン、水、コンソメ、粒こしょう、ローリエを加える。
- **強めの中火**にして**一度沸騰させ、アクを取る**。

- **火を弱めてふたをし、弱火で15分煮る**。最後にウインナーを加え（写真）、**ふたをしてさらに5分煮る**。
- キャベツなどできるだけ形をくずさないよう器に盛り付け、粒マスタード、ゆずこしょうなどをお好みで添える。

one point advice

ポトフはフランス式の「鍋料理」

ポトフは、フランスの代表的な家庭料理のひとつ。フランス語で［pot-au-feu］、potは鍋や壺、feuは火を表すので「火にかけた鍋」という意味になります。日本では、おでんや鍋料理に匹敵する料理です。カリフラワー、かぶなどを入れてもおいしい。

野菜の旨味がギュッと詰まったリピートしたくなる味

〈メイン食材〉
western food
野菜

ラタトゥイユ

最後に足すオリーブオイルがワンランクアップの決め手！

Use 9 item!
18cm 鍋

材料（2〜3人分）

トマト	2〜3個
なす	2本
ズッキーニ	1/3本
パプリカ（赤、黄）	各1/4個
玉ねぎ	2/3個
ローリエ	1枚
にんにく	1/2かけ
オリーブ油	大さじ2
塩、ブラックペッパー	各少々

→ ヘタと種を取り、1cm幅に切る
→ ヘタを取り、8mm厚さの半月切りにする
→ ヘタを取り、8mm厚さの半月切りにする
→ 1cm幅に切る
→ みじん切りにする

※野菜など、切り方の指示があるものは、イラストを参考に、分量分を切っておく。

〈洋食〉ラタトゥイユ　part 1

Let's cooking!

1 トマトを湯むきする

- ボウルに冷水を入れておく。
- トマトは洗って、**どこか一部分に1～2cmほど包丁で切り込みを浅く入れる**。
- **中火**で鍋に湯を沸かし、トマトを10～20秒入れて、**すぐに冷水に取る**。

ポイント

切り込みを入れておくと、湯むきするときにそこから皮がはがれるのでむきやすくなる。

湯に短時間入れることでトマトが溶けてしまうのを防ぐ。サラダなどに使うときも同じ。

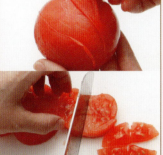

- ヘタを取り手で皮をむいて、2cm角に切る。

2 炒める

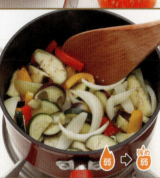

- きれいにした鍋にオリーブ油（大さじ1・½）、にんにくを入れて**弱火で1分**熱する。
- トマト以外の野菜をすべて加えて火を少し強め、焦がさないよう**強めの弱火で4～5分**、**全体の量が⅔くらいのかさになるまでしっかり炒め**、油が全体に回るようにする。

3 トマトを加えて煮込む

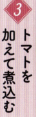

- *1* のトマトとローリエを加えて、**中火で一度沸騰させたら、弱火にしてふたをする**。そのまま20～30分、途中で数回かき混ぜながら野菜がくたくたになるまで煮る。
- 残りのオリーブ油を加えて混ぜる。塩、ブラックペッパーで味を調える。

ポイント

トマトと野菜から水分が出るので、水は加えずに煮る。

火が強いと蒸発しすぎてしまうので注意。しっかりふたをして、静かに沸騰している状態で煮る。

冷まして食べれば、さらにおいしい

トマトは完熟したものがおすすめ。未熟なトマトは、湯むきしにくいうえ甘みも弱いです。また、ラタトゥイユはできたてを食べるよりも、しばらく冷まして味をなじませてからのほうがおいしくなります。

column

肉の部位の特徴&選び方

肉の部位の特徴と選び方を学んでおきましょう。
どんな料理に、どの肉のどの部位を選べばいいかがわかれば、料理がぐんとおいしくなりますよ。

牛肉

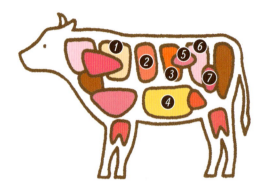

❶ 肩ロース
きめ細かい肉質で柔らかく風味がある。厚切りで煮込み料理やステーキに。

❷ リブロース
柔らかく脂にも濃厚な旨味をもつ。しゃぶしゃぶやステーキ、ローストビーフに。

❸ サーロイン
脂がのって肉質がきめ細かく柔らかい。ステーキに最適。

❹ バラ
肉のきめは粗いが、脂とバランスがよい。煮込み料理におすすめ。

❺ ヒレ
柔らかく、ほとんど脂肪がない。ステーキやローストなどに。

❻ ランプ
肉質は比較的柔らかく、赤身として使用される。タタキなどの生食にも。

❼ うちもも
ローストビーフやタタキに。「しんたま」は肉質がきめ細かくローストビーフやステーキに。

豚肉

❶ 肩ロース
柔らかく旨味がある。薄切りはしゃぶしゃぶやしょうが焼き、厚切りはソテーやとんかつに。

❷ ロース
肉質はきめ細かく風味があり柔らかい。厚切りでとんかつやソテーに、薄切りでしゃぶしゃぶに。

❸ ヒレ
脂がなくすっきりとした味わい。とんかつやソテー、中華の炒め物に。

❹ バラ
脂と肉が交互に3層になっている。角煮やシチューなどの煮込み料理に、スライスは炒め物や豚汁に。

❺ もも
肉質はきめ細かく、濃厚な味わい。酢豚や炒め物、生ハムやハムなどの加工品にも使用される。

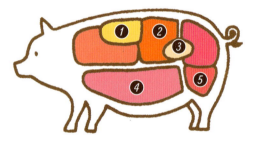

鶏肉

❶ 手羽先
ゼラチン質と脂肪が多く肉は少ない。唐揚げや煮込み料理に。

❷ 手羽元
羽の根元の部分でコクのある味わいが特徴。唐揚げのほか、煮込み料理に。

❸ ささみ
脂が少なく淡白な味わい。蒸し料理やサラダ、和え物に。

❹ むね肉
脂が少なく高タンパク質、低カロリー。臭みもなく、さまざまな料理に。

❺ もも肉
脂肪の多い肉質で、コクと旨味がある。唐揚げに最もよく使われる。

part 2

毎日食べたい定番レシピ

和食
Japanese food

肉じゃが、天ぷら、ちらし寿司、とんかつなど、毎日の食卓に並ぶとほっこり落ち着く和食の定番レシピを着実にマスターしましょう。

〈メイン食材〉
牛肉

肉じゃが

煮物はしっかり冷ませば、味がしみて絶品に。

〈和食〉肉じゃが

Use Item! 22cm 鍋

材料（2〜3人分）　（少なすぎるとうまく煮えないため、やや多めの分量）

じゃがいも……………… 2個	→	皮をむいて4〜6等分に切り、さっと水にさらす
玉ねぎ………………… 2/3個	→	6等分のくし形切りにする
にんじん…………… 1/3本(60g)	→	じゃがいもより小さめの乱切りにする
牛肉(薄切り、切り落としなど)………… 120g	→	大きければ4〜5cmに切る
しらたき……………… 100g		
さやいんげん(絹さや)……… 4枚	→	下処理をし、1分ゆでて冷水に取り半分に切る
しょうがスライス………… 2枚		

サラダ油 …………… 大さじ1/2
だし汁 ………… 1〜1・1/2カップ
A ┃ しょうゆ ………… 大さじ3
　 ┃ 砂糖 …………… 大さじ1・1/2
　 ┃ みりん ………… 大さじ2
　 ┃ 酒 ……………… 大さじ2

※野菜など、切り方の指示があるものは、イラストを参考に、分量分を切っておく。

下処理の方法　さやいんげん

1 よく洗って片方の端からヘタの部分を折る。

2 引っ張って筋を取る。

3 反対側のヘタの部分を折る。

4 引っ張って筋を取る。

5 食べたときに筋が口に残らず、おいしく食べられる。

Let's cooking!

1 野菜を炒める

- 鍋にサラダ油、じゃがいも、玉ねぎ、にんじん、しょうがを入れて、**中火**にかける。全体に油が回るまで、**2〜3分**炒める。

- しらたきを加えて、さらに**1〜2分**炒める。

ポイント
はじめに鍋は熱さず、油と材料を一緒に入れて炒めてOK。

続きは次のページ

② 煮る		・*1*に**A**を加え、材料がかぶるくらいまでだし汁を足す（写真）。 ・中火のまま一度沸騰させ、アクを取る。 ・沸騰したら火を弱めてふたをし、強めの弱火で7〜8分、じゃがいもに竹串を刺して通るくらいまで煮る。	**ポイント** ふたをして、鍋の中が静かに沸騰している状態を保つとよい。
③ 牛肉を入れて煮る		・ふたをはずし、牛肉を菜箸でほぐしながら入れる。	**ポイント** 牛肉は、後から加えることで硬くなるのを防ぐ。火を強めて煮からめることで、牛肉の旨味も全体に行き渡る。
		・アクが出てきたら取って再びふたをする。煮詰まりすぎていたり、味が濃いようであれば、だし汁を少し加えて薄める。 ・強めの中火にして一度沸騰させる。	
④ 煮からめる		・沸騰したらふたをはずし、火を少し弱め中火で4〜5分煮て、味を煮からめる（写真）。 ・火を止め、そのまま冷まして、味がしみてから器に盛り付ける。ゆでて半分に切ったさやいんげんを散らす。	**ポイント** 煮物は冷める段階で味がしみるので、30分ほど経ってからのほうがおいしい。

肉の種類はお好みで使い分けて

肉じゃがは、煮はじめる前に必ず野菜を炒めるのがポイントです。炒めることで野菜の甘みを引き出すことができ、煮くずれもしにくくなります。肉の種類は、関東地方では豚肉、関西地方では牛肉が主流ですが、味わいが異なるので、お好みで使い分けてみましょう。

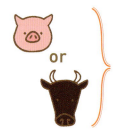

じゃがいもの種類と調理法について

じゃがいもは種類も多く、エネルギー豊富な野菜。
それぞれの特徴を生かして、料理によって使い分けましょう。

旬について

じゃがいもは、通年を通して安定して出荷されます。中でも春から初夏にかけて出荷される小形の新じゃがは、皮まで柔らかく、みずみずしい季節の味覚です。

種類と特徴

男爵いもとメークインが2大品種。この2品種で作付面積の5割を超えます。ほかに農林1号、デジマ、ワセシロ、キタアカリ、紅丸、ホッカイコガネなど、多くの品種があります。原産地の南米では、皮や肉質に色素のある系統の品種が栽培されていましたが、日本では普及していませんでした。最近では、皮色が濃い黄色や赤などの品種もわずかに国内生産されるようになっています。

2大品種の特徴

【男爵いも】

形は扁球形で皮は淡黄色。でんぷんの含有量は、約15％でほくほくしていて、粉ふきいもやコロッケなどに向いています。
主産地は、北海道や静岡など。

【メークイン】

形はだ円形で皮は黄色、肉質は淡黄。でんぷんの含有量は、約14.6％で粘質で煮くずれしにくいので、シチューに向いています。主産地は、北海道、長崎など。

選び方

萌芽しているもの、皮にしわがあるもの、皮が緑がかっているものは、避けましょう。手にとって、しっかりと固太りして持ち応えのあるものを選んで。

> 大ぶりの男爵いもは、中が空洞になっていることもあるので、適度な大きさのものを選びましょう！

下ごしらえ

芽には毒性物質が含まれているので、萌芽しているものは、芽をえぐり取ります。煮物にする場合は、皮をむいてからすぐ水につけておくと、変色を防げます。ゆでる場合は、皮付きのままゆでると栄養成分の多いところを捨てないですみ、水っぽくなりません。品種により特徴が異なるので、料理によって使い分けましょう。

下味なしで
すぐできちゃう！
最後に一気に
煮からめるのがコツ

〈メイン食材〉
豚ロース

豚のしょうが焼き

おすすめはロース肉。柔らかくてふっくらした仕上がりに。

Use Item!
26cm
フライパン

材料(2人分)

◆豚のしょうが焼き
豚ロース(しょうが焼き用)
　　　　　　4枚 (約200g)
薄力粉 ……… 大さじ1〜2
サラダ油 ……… 小さじ1

◆たれ
混ぜ合わせておく
A｜酒 ………… 大さじ2
　｜しょうゆ、みりん
　｜　…… 各大さじ1・½
　｜砂糖 ………… 大さじ½
　｜しょうがすりおろし
　｜　………… 小さじ2
※チューブでもよいが、すりおろしたほうが風味がよい。

◆付け合わせ
キャベツ ………… 3枚
　(千切りにして水にさらして、水気を切る)
プチトマト ………… 適量
　(ヘタを取る)
きゅうり ………… 適量
　(斜め薄切りにする)

part 2

〈和食〉豚のしょうが焼き

下準備	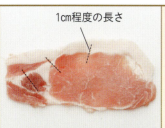　1cm程度の長さ	・ボウルにAを入れ、混ぜ合わせておく。 ・豚肉は縮みを防ぐため、**包丁の刃先で1cm程度の切り込みを数か所入れる**。 ・豚肉の両面に**薄力粉を薄くふる**。	**ポイント** 薄力粉はふらなくてもよいが、ふるとたれのからみがよくなり、しっとりした仕上がりになる。
1 焼く		・フライパンにサラダ油を**中火**で30秒温める。 ・豚肉をフライパンに並べてそのまま**2分**焼く。**肉をフライ返しなどで押し付けて焼くと、焼き縮みが防げる**。 ・焦げ目が付いたら裏返し、さらに**2分**焼く。	**ポイント** テフロン加工のフライパンは、肉を入れる前に熱しすぎると表面だけ焦げてしまうので、温める程度にして肉を焼き始める。 フライパンはできるだけ大きいサイズを使用して、肉を広げる。
2 余分な脂をふき取る		・豚肉に火が通ったら、**弱火にしてペーパータオルで余分な脂をふき取る**（3でたれのからみをよくするため）。	
3 たれを煮からめる		・混ぜ合わせておいたAを加える。**中火**にし、豚肉を裏返しながら両面を**30秒〜1分**ずつ手早く煮からめる。 ・器に付け合わせとともに豚肉を盛り付け、豚肉にたれをかける。	

豚肉の選び方と食感について

豚のもも肉を使用すると硬くなってしまうので、ロース肉や肩ロース肉を使用しましょう。また、豚肉に薄力粉をふるとたれのからみがよくなり、しっとりとした食感になります。

じつは簡単！
たった10分煮るだけ！

筑前煮

〈メイン食材〉
根菜

多めのごま油でしっかり炒めてから煮ます。コクとツヤが、ぐんとUP！

Use Item!
18cm 鍋

材料（2〜3人分） （少なすぎるとうまく煮えないため、やや多めの分量）

- 干ししいたけ ……… 2枚 → 5mm厚さのいちょう切りにする
- れんこん ……… 4cm（約50g）
- にんじん ……… ¼本（45g） → 乱切りにする
- ごぼう ……… 10cm（35g）
  →  皮をこそげ斜め切りにする

※れんこん、ごぼうは、さっと水にさらして水気を切っておく。

- さといも ……… 2個 → 皮をむいて2〜4等分に切る
- こんにゃく ……… 小⅓枚（60g）
- 鶏もも肉 ……… ½枚
- いんげん ……… 2〜3本
  →  ヘタを取り、3〜4等分の長さに切る
- ごま油 ……… 大さじ1

混ぜ合わせておく

A
- しょうゆ ……… 大さじ3
- 砂糖 ……… 大さじ2
- みりん ……… 大さじ2
- 酒 ……… 大さじ2

だし汁 ……… 1〜1・½カップ

※野菜など、切り方の指示があるものは、イラストを参考に、分量分を切っておく。

part 2

〈和食〉筑前煮

下準備

- 干ししいたけは、ぬるま湯で**30分**ほど戻し、軸を取って半分に切る。
- こんにゃくはさっと洗い、スプーンで2㎝角にちぎる。
- 鶏もも肉は皮と脂を取り、3㎝角に切る。
- さといもは、**沸騰した湯で1～2分ゆでてから水洗いし、ぬめりを取る。**

ポイント
こんにゃくは、ほとんどがアク抜き済みなので、さっと洗えばOK。スプーンでちぎると味がしみやすい。

1 炒める

- 鍋にごま油を**中火**で熱し、鶏もも肉、れんこん、にんじん、ごぼう、こんにゃく、しいたけの順に加える。そのまま**中火で3～4分炒めてから、さといもを加える。**

ポイント
鍋でごま油を熱し、鶏もも肉から硬い野菜の順に入れる。

2 煮る

- **1**に混ぜ合わせておいた**A**を加え、だし汁を材料がかぶるくらいまで足す。
- **強めの中火にして一度沸騰させ、アクを取る。**
- アクを取ったら**ふたをして火を弱め、中火で10～15分**煮る。

ポイント
だし汁にしいたけの戻し汁を半分ほど加えてもよい。

3 さらに煮詰める

- さといもに竹串を刺して通るくらいに火が通ったら、**ふたをはずす。**
- いんげんを加え、**強めの中火**にして、煮汁が全体量の⅓程度になるまで煮詰める。
- 冷まして、器に盛り付ける。

ポイント
先にさといもが柔らかくなってしまったら、いもだけ一度取り出すとよい。

野菜の切り方や種類を変えてワンランクアップ！

にんじんを型で抜いたり、れんこんを飾り切りにしたりするとより華やかな印象に。お正月料理やおもてなしにぴったり。具は、たけのこの水煮、栗の甘露煮、ぎんなんなどもおすすめです。

最後に加える
しょうが汁で、
爽やかな味わいに

さといもとイカの煮物

イカが硬くならない作り方を教えます！

材料（2人分）

- さといも……………4〜5個
- イカの輪切り……………140g

混ぜ合わせておく
- A
  - しょうゆ………大さじ2
  - 砂糖…………大さじ1・½
  - みりん…………大さじ1
  - 酒……………大さじ1
- だし汁………1〜1・½カップ

皮をむいて
2〜4等分に切る

- しょうがのしぼり汁
  ………………小さじ½
- 万能ねぎ（みじん切りにする）
  ………………適量

※野菜など、切り方の指示があるものは、イラストを参考に、分量分を切っておく。

〈和食〉さといもとイカの煮物

1 さといもをゆでる

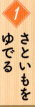

- 鍋にさといもとたっぷりの水を入れ、中火にかける。沸騰したら火を弱め、弱めの中火で3分ゆでる。
- ザルに上げ冷水でさっと流して、ぬめりを取る。鍋を一度きれいにする。

2 イカを煮て取り出す

- ゆでたさといもを鍋に入れ、混ぜ合わせておいたAを加え、だし汁を材料がかぶるくらいまで足して中火にかける。
- 沸騰したらイカを加えてそのまま2〜3分煮る。火が通ったら、イカだけ器に取り出しておく。煮すぎると硬くなるので注意。

3 煮る

- 落としぶたをして火を弱め、強めの弱火で10〜15分煮る。さといもに竹串を刺して通るくらいになり、煮汁がひたひたにかぶる程度になればよい。

4 イカを戻して煮る

- 落としぶたを取り、3にイカを戻す。中火にして2〜4分煮て煮詰める。
- 火を止めて、しょうがのしぼり汁を加える。
- 器に盛り付け、万能ねぎを散らす。

ポイント イカを戻す前に煮汁が多すぎる場合は、少し煮詰めてから戻す。イカを加熱しすぎないように注意。

教えて先生！ Q&A

Q イカを柔らかく仕上げるコツを教えてください。

A イカは加熱しすぎると身が縮んで硬くなり、旨味も逃げてしまいます。一度火を通したら取り出して加熱しすぎないのがポイント。イカの旨味と柔らかさを残しましょう。

Q さといもの下ゆでの方法は？

A さといもは皮をむいたら、水からゆでます。沸騰後3分ゆでたら冷水でさっと流してぬめりを取りましょう。ぬめりを取ることで熱が伝わりやすく、味もしみ込みやすくなります。

煮る時間はたったの5分！

Japanese food
〈メイン食材〉
サバ

サバのみそ煮

みそだけでなく、しょうゆを加えることで、より深みのある味わいに。

Use Item!
20cm
小さいフライパン

材料（2人分）

サバ（切り身）……… 2切れ
しょうが……………… 1かけ

A
 みそ……… 大さじ1・⅓
 しょうゆ… 大さじ1・⅓
 砂糖……… 大さじ1・⅓
 酒、みりん… 各大さじ2
 だし汁……… ⅓カップ

千切りにする

◆ 飾り用
しょうがの千切り、
 白髪ねぎ……………適量

※しょうがは、さっと水にさらしペーパータオルで絞ってアクを取ると変色を防げる。

※野菜など、切り方の指示があるものは、イラストを参考に、分量分を切っておく。

part 2

〈和食〉サバのみそ煮

下準備

- サバは、包丁で皮目に十字の切り込みを入れる。こうすることで、皮がめくれてはげるのを防ぐ。

ポイント
サバは時間が経つと臭みが出やすいので、できるだけ新鮮なものを購入して調理することが大切。

- 小さめのフライパンにお湯を**中火**で沸かし、沸騰したら火を止め**サバを入れる。色が変わったらすぐに引き上げ、冷水に入れて冷やし臭みを取る**。ペーパータオルで押さえて水気をふき取る。

1 鍋に並べる

- フライパンをさっとゆすぎ、**A**、しょうがを入れて**中火**で沸騰させたら一度火を止める。
- 切り込みを入れた<u>サバの皮目を上にして並べる</u>。

ポイント
小さめのフライパン（または鍋）を使う。大きすぎて、煮汁が足りないときは、調味料を同じ割合で加えて煮汁の全体量を増やす。

2 煮る

- アルミホイルなどで<u>落としぶたをする。</u>
- **弱めの中火にし、大きな泡が落としぶた全体に回るくらいに沸騰させたら、**そのまま**5〜6分**煮て火を通す。途中でスプーンなどで煮汁をサバにかける。
- 少し深さのある器にサバを盛り付け、煮汁をかけ、飾りの白髪ねぎ、しょうがの千切りをのせる。

みそで味に変化をつけて

慣れてきたら、みそをブレンドしてみましょう。キリッとした深いコクがある「赤みそ」と、塩分少なめでまろやかな甘みがある「白みそ」を半々でブレンドすると味に変化がつきおいしいです。

たれをからめる前に余分な脂をふき取るのがコツ！

Japanese food
〈メイン食材〉
ぶり

ぶりの照り焼き

最初からふたをして焼くと、中まで火が通りふっくらとした仕上がりに！

Use Item!
26cm
フライパン

材料(2人分)

- ぶり (切り身) ……… 2切れ
- 薄力粉 …………… 少々
- サラダ油 ………… 大さじ½

混ぜ合わせておく

A
- 酒 ……… 大さじ2・½
- みりん …… 大さじ1・½
- しょうゆ …… 大さじ1・½
- 砂糖 ……… 小さじ1強

◆付け合わせ
- 青じそ ……………… 2枚
- ゆずの皮 …………… 適量
  (すりおろす)

Let's cooking!

〈和食〉ぶりの照り焼き

下準備		・ぶりはペーパータオルで水気をふき取り、**薄力粉を両面に薄くふる**。	**ポイント** ぶりの水分をふき取ることで臭みを取る。
1 表面を焼く		・フライパンにサラダ油を**強めの中火**で熱し、**盛り付けたときに上になる面を下にして入れる**（写真）。 ・ふたをして**弱火**で**2分**焼く。焼き色が薄く付いたら裏返す。	
2 裏面を焼く		・ふたをして**強めの弱火**にし、**1分半〜2分**焼き色が付くまで焼く。皮はフライパンのふちで**30秒**ほど焼く。 ・余分な脂をキッチンペーパーでふき取る。	**ポイント** 切り身の厚さによって焼き時間が前後するので、途中で焼き色を見ながら調節する。 脂をふき取ると魚にしっかりとたれがからまる。
3 たれを煮からめる		・混ぜ合わせておいた**A**を加える。**中火**にして沸騰させ、たれに少しとろみがつくまで**1分**ほど煮からめる。 ・器に青じそ、ぶりを盛り付け、残ったたれをかけ、ゆずの皮を散らす。	**ポイント** たれが煮詰まりすぎてしまったら、少量の水を加えるとよい。

切り身魚の盛り付け方

切り身魚は、皮を奥に向けるようにして盛り付けます。盛り付けるときのことを考えて、表になる面を先に焼いたほうが、きれいな見た目に。すだちや大根おろしなどのあしらいは、右手前に添えます。

「大根をごま油で焼いて、コクのある味わいに！」

〈メイン食材〉ぶり / Japanese food

ぶり大根

大根をしっかり下ゆでしておくと、柔らかく味がしみ込みます。

Use Item! 18cm鍋

材料（2人分）

ぶり（切り身）	2切れ	→ 3等分に切る
大根	⅓本	→ 皮を厚めにむいて、1.5〜2cm厚さの半月切りにする
ごま油	大さじ⅔	

A
だし汁	1カップ
しょうゆ	大さじ1・½
砂糖	大さじ1
みりん	大さじ2
酒	大さじ3

しょうが……1・½かけ → 千切りにする

※しょうがは、さっと水にさらしペーパータオルで絞ってアクを取ると変色を防げる。

※野菜など、切り方の指示があるものは、イラストを参考に、分量分を切っておく。

Let's cooking!

〈和食〉ぶり大根

1 大根を下ゆでする

- 鍋に大根とたっぷりの水を入れ、水からゆではじめる。
- 沸騰したら、**弱めの中火にして10〜15分**、竹串を刺して通るくらいになるまでゆでて、ザルに上げておく。

ポイント
大根を下ゆですることで、ふっくらと柔らかくなる。

2 大根を軽く焼く

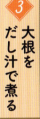 

- きれいにした鍋にごま油を**中火**で熱し、1をくずさないように両面を軽く焼く。

ポイント
ごま油で軽く焼くことでコクが出る。

3 大根をだし汁で煮る

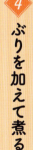 

- 2にA、しょうがの千切り（飾り分は少し残しておく）を加えて**中火**で沸騰させる（写真）。沸騰したら**ふたをして弱火**にし、**5分**煮る。

ポイント
しょうがを加えると、ぶりの臭み消しになる。

4 ぶりを加えて煮る

- 3にぶりを加えて、**ふたをして弱火**のままさらに**5分**煮る。

ポイント
ぶりは煮すぎると硬くなるので、最後に入れる。

- **ふたをはずし**、火を**中火**にして煮立て、軽く煮詰めるように**2〜3分**加熱する。
- 旨味をしみ込ませるため、しばらくそのまま冷ます。器に盛り付け、しょうがの千切りを飾る。

---

one point advice

ぶりの赤身と白身の違い

ぶりの切り身は、切り口がなめらかで身が割れていないものを選びましょう。赤身は背の部分で、脂肪分が少なくあっさりした食感です。白身は腹の部分で、脂ののりがよく、旨味が豊富。お好みでセレクトしましょう。

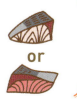

フライパンで一気に炒めるので、すぐできる！

Japanese food
〈メイン食材〉
ごぼう

きんぴらごぼう

砂糖でごぼうに甘みを含ませてから、しょうゆで味付けするのがポイント。

Use Item!
26cm
フライパン

材料（2〜3人分）

ごぼう……………… 1・½本
（切り方は右ページ下準備を参照）
にんじん…………… ¼本（45g）
ごま油……………… 小さじ2
砂糖………………… 大さじ1・½
しょうゆ…………… 大さじ1・½
炒り白ごま………… 小さじ½

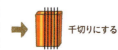 千切りにする

※野菜など、切り方の指示があるものは、
　イラストを参考に、分量分を切っておく。

下準備

- ごぼうは皮を包丁の背でこそげて洗う。

ポイント
水にさらしすぎると風味がなくなるので注意。

- 斜め薄切りにしてから並べ、千切りにする。
- 水に**1分**さらし、しっかりと水気を切る。

1 炒める

- フライパンにごま油を**中火**で熱し、ごぼうを**2分**炒めたら、にんじんも加えてさらに**4〜5分**炒める。
- ごぼうがしっとりとしてきたら、<u>砂糖を加えて2分炒める</u>。

ポイント
このとき、ごぼうが少し甘いくらいでちょうどよい。

2 水分をとばす

- 砂糖がとけてさらにしっとりしたらすぐにしょうゆを加える。**中火**のまま水分がなくなり全体に味がなじむまで、**2〜3分**炒める。

3 ごまを加える

- 炒り白ごまを加え、さらに**中火**で**30秒**ほど炒めて火を止め、器に盛り付ける。

ごぼうの切り方

ごぼうは切り方によって食感が変わってきます。きんぴらごぼうのようにシャキシャキした食感を出すときは、包丁を使います。サラダや炊き込みご飯などでより細く仕上げたいときは、ピーラーでささがきにするとよいでしょう。

じつは簡単！
戻すのは
水に漬けるだけ

ひじきの煮物

地味な常備菜も冷凍枝豆を加えるだけで彩りアップ！

材料（2〜3人分）

A
- 長ひじき（乾物）……… 20g
- にんじん……… 1/6本（30g）
- 油揚げ……… 1/3枚

 千切りにする

 千切りにする

 千切りにする

B
- だし汁……… 1・1/4カップ
- しょうゆ、砂糖……… 各大さじ2
- みりん……… 大さじ1

- サラダ油……… 大さじ1/2
- 冷凍枝豆（解凍して、さやから出しておく）……… 8さや分

※野菜など、切り方の指示があるものは、イラストを参考に、分量分を切っておく。

part 2 〈和食〉ひじきの煮物

下準備		・ひじきはザルに入れて汚れをさっと洗う。ボウルにたっぷりの水を入れてザルごと漬けて、**15〜20分**戻す（ぬるま湯のほうが戻りやすいので、急ぎのときはぬるま湯で）。 ・ザルに上げて水気を切る。	**ポイント** 水を入れたボウルの中にザルごと漬けるとよい。
1 炒める		・鍋にサラダ油を**中火**で熱し、戻したひじきと**A**を入れて、**2〜3分**炒める。	**ポイント** サラダ油で最初に炒めることで、コクとツヤが出る。
2 煮る		・**B**を加える（写真）。**中火で一度沸騰させてから、ふたをして弱火で20分**煮る。	
3 煮詰める		・ひじきがしっとり柔らかくなったら、**ふたをはずして強めの中火にし、煮汁の全体量が1/3程度になるまで煮る**。 ・火を止める直前に、解凍しておいた枝豆を加えてさっと混ぜて、器に盛り付ける。	**ポイント** 最後に煮汁が多いようであれば、ふたをはずして中火で軽く煮詰める。

芽ひじきに替えてもOK

長ひじきを芽ひじきに替えてもおいしくできます。芽ひじきは、味のしみ込みが早いのでパッケージの裏などを確認し、煮る時間や調味料を少なめにするなどして調節しましょう。

> 昆布とかつおで取った「だし汁」を使うと絶品の一皿に

〈メイン食材〉
切り干し大根

切り干し大根の煮物

サラダ油でしっかり炒めてから煮るとコクが出ます！

Use Item!
18cm 鍋

材料（2～3人分）

A
- 切り干し大根（乾物）……… 40g → 千切りにする
- にんじん……… 1/6本（30g） → 1.5cm幅の細切りにする
- 油揚げ……… 1/3枚
- サラダ油……… 大さじ1/2

B
- だし汁……… 2カップ
- しょうゆ、砂糖……… 各大さじ1・1/2
- みりん、酒……… 各大さじ1

※野菜など、切り方の指示があるものは、イラストを参考に、分量分を切っておく。

Let's cooking!

〈和食〉切り干し大根の煮物

下準備		・切り干し大根は、水で汚れをさっと洗う。ボウルに入れたたっぷりの水に漬けて、**10〜15分**戻す（ぬるま湯のほうが戻りやすいので、急ぎのときはぬるま湯で）。 ・水気を絞り、長さを4等分に切る。	**ポイント** 長時間戻すと風味が抜けてしまうので注意。切るときは、長さはそろえず、ざっくりと広げて3〜4等分に切ればOK。
1 炒める		・鍋にサラダ油を**中火**で熱し、戻した切り干し大根と**A**を入れて**2〜3分**炒める。	
2 煮る		・**B**を加える（写真）。**中火で一度沸騰させてから、ふたをして弱火で20分**煮る。	
3 煮詰める		・ふたをはずし、**弱火**のままさらに煮る。切り干し大根がさらに柔らかくなり、**煮汁の全体量が半分以下になったら**、火を止めて器に盛り付ける。	

切り干し大根の煮物が余ったら

汁を切って小分けにして、冷凍保存できます。小さなシリコンカップに入れて保存容器で冷凍しておけば、お弁当にそのまま詰めて自然解凍できるので便利です。また、卵焼きの具にしてもおいしいです。

中火でたったの
5分煮るだけ！
最後は
余熱で仕上げます

Japanese food
〈メイン食材〉
かぼちゃ

かぼちゃの煮物

中火で一気に煮るのがポイント。ほっくりした煮物に仕上がります。

Use Item!
18cm
鍋

材料（2～3人分）

かぼちゃ …………… ¼個(300g)
　（切り方は右ページ下準備を参照）
A｜砂糖 …………… 大さじ3
　｜しょうゆ …… 大さじ1・½
　｜塩 ………………… 少々
水 ………………… 1カップ弱

Let's cooking!

part 2 〈和食〉かぼちゃの煮物

下準備

- かぼちゃは、ワタと種をスプーンで取り、3×4cm程度の大きさに切る。
- 皮は傷んでいるところは削り取る。

ポイント
かぼちゃは硬くて切るのが大変なイメージですが、安定した面をまな板に押し付け、ゆっくりと切るとよい。

丁寧に作りたいときは、面取り（27ページ参照）すると煮くずれしにくく上品な仕上がりに。

1 鍋に並べる

- 鍋にかぼちゃの皮を下にして、できるだけ重ならないように並べる。

2 煮る

- **A**と水を加える。落としぶたをして弱めの中火で5〜6分煮る。

ポイント
火が通るのがとても早いので、煮くずれに注意。

3 冷ます

- 竹串を刺して通るくらいになったら、落としぶたを取る。
- 中火にし煮汁を煮詰めたら、火を止め、ふたをして15〜20分冷まし、粗熱を取る。

かぼちゃの切り方

かぼちゃは硬くて切りにくいですが、図のように「てこの原理」で包丁を使って切ると簡単に切れます。

包丁の刃を突き立てて下に押すようにしながら切る。

> かみしめるほどに
> じゅわっとくる
> 懐かしい味！！

<メイン食材>
Japanese food
高野豆腐

高野豆腐の含め煮

高野豆腐は戻さずに煮てから、最後に切り分けましょう。

Use Item!
18cm
鍋

材料（2人分）

高野豆腐	2枚
にんじん	½本
いんげん	6本

→ 8mm〜1cm厚さに切る
→ ヘタを取り、半分の長さに切る

A
だし汁	2カップ
砂糖	大さじ1・½
みりん	大さじ½
しょうゆ	大さじ½弱
塩	小さじ⅓〜½

※野菜など、切り方の指示があるものは、イラストを参考に、分量分を切っておく。

〈和食〉高野豆腐の含め煮

1 調味料を沸騰させる		・**A**を鍋に入れて一度**中火**で沸騰させる。
2 煮る		・沸騰したら**弱火**にし、高野豆腐、にんじんを入れる（写真）。**ふたをしてそのまま10〜15分煮る。**
3 いんげんを加える		・煮汁の全体量が1/3程度まで減ったら、いんげんを加える（写真）。**ふたをしてさらに5分煮て火を止める。**味をみて薄ければ塩（少々・分量外）で調える。
4 冷まして切り分ける		・そのまま冷まして粗熱を取ったら、高野豆腐を食べやすい大きさに切り分ける。 ・すべてを器に盛り付け、煮汁をかける。

ひと手間加えてかわいらしさアップ

高野豆腐やにんじんを花や星などの型で抜けば、食卓のかわいらしさがアップします。

鶏肉は多めの
しょうゆでもみ込めば、
漬け時間なしでOK！

鶏の唐揚げ

衣は二度付けすることでカリッと仕上がります。

揚げ鍋

〈和食〉 鶏の唐揚げ

材料(2人分)

- 鶏もも肉(大) ………… 1枚
- A
  - しょうがすりおろし‥小さじ1
  - しょうゆ ……… 大さじ2・½
  - 酒 ……………… 大さじ½
- 片栗粉 ………………… 大さじ1
- 片栗粉 ………………… 適量
- 揚げ油 ………………… 適量

◆付け合わせ
- レモン ………………… ½個
  （くし形切りにする）
- パセリ ………………… 適量

Let's cooking!

下準備

- 鶏肉は余分な皮と脂を取り、4〜5cm角に切る。

ポイント

唐揚げ用にカットされた鶏肉は、皮と脂が多すぎて食感が悪くなることがあるので、1枚で買って余分な脂や皮を取るとおいしくできる。

鶏肉は小さく切りすぎると硬くなり、ジューシーに仕上がらないので、やや大きめに切る。

1 もみ込む

- ボウルにAの調味料と鶏肉を入れ、箸か手でしっかりともみ込み、片栗粉（大さじ1）を加えて混ぜる。

ポイント

しょうゆを多めにまぶし、片栗粉を加えて混ぜることで、短時間でも味がしっかりとつく。

続きは次のページ　103

❷ まぶす		・バットに片栗粉（適量）を広げ、鶏肉の両面にまぶしつける。このとき、手で鶏肉の形を整えるようにしっかりとまぶす。	**ポイント** 片栗粉をまぶしてから時間をおくと衣が硬くなりすぎてしまうので注意。
❸ 揚げる		・揚げ鍋に揚げ油を2cm深さまで入れる。**中火**にかけ**160〜170℃**になったら**2**をゆっくり入れていく。	**ポイント** 一度に入れすぎると温度が下がってしまうので、揚げ鍋が小さい場合は2度に分けて揚げる。
		・少し火を弱め、**強めの弱火**で**5〜8分**、途中上下を返しながら揚げる。	**ポイント** 中まで火が通ってくると、揚げているときの音が「シュワー」と高音に変わってくる。
		・**火を強めの中火にして1分揚げる。表面がきつね色になり、カリッとすれば取り出す。** ・網に上げて油を切ってから、器に盛り付け、付け合わせを添える。	

揚げ油の片付け方

揚げ油の片付け方を覚えておきましょう。流しにそのまま捨てるのは禁物です。水質の悪化を招いたり、配水管の詰まりの原因になってしまいます。市販されている油固め剤を使用すると簡単です。冷ましてから新聞紙などで吸収して、牛乳パックに入れて捨ててもOK。

唐揚げのバリエーションレシピ

普段の唐揚げに、ちょっとアレンジを加えると飽きずに幅広く楽しめますよ。
お弁当のおかずやおつまみなど、シーンに合わせてバリエーションを試してみては？

下味を変えてアレンジ

ゆずこしょう味

材料（2人分）

鶏もも肉……………………1枚
A｜ゆずこしょう……大さじ½
　｜酒………………………大さじ½
　｜片栗粉…………………大さじ1
片栗粉、揚げ油……………各適量

鶏肉にAをもみ込み、片栗粉をまぶして揚げる。

ガーリック味

材料（2人分）

鶏もも肉……………………1枚
A｜にんにくすりおろし……1かけ分
　｜黒こしょう……………少々
　｜塩………………………小さじ¼
　｜酒………………………大さじ½
　｜片栗粉…………………大さじ1
片栗粉、揚げ油……………各適量

鶏肉にAをもみ込み、片栗粉をまぶして揚げる。

塩こうじ味

材料（2人分）

鶏もも肉……………………1枚
A｜塩こうじ………………大さじ1・½
　｜みりん…………………小さじ1
　｜しょうがすりおろし……小さじ½
　｜片栗粉…………………大さじ1
片栗粉、揚げ油……………適量

鶏肉にAをもみ込み、片栗粉をまぶして揚げる。

味付けを変えてアレンジ

カレー味

材料（2人分）

鶏もも肉唐揚げ……………1枚分
カレー粉……………………小さじ2

唐揚げが、温かいうちにカレー粉をまんべんなくまぶす（ボウルか袋に入れて軽くゆする）。

エスニック風

材料（2人分）

鶏もも肉唐揚げ……………1枚分
A｜スイートチリソース……大さじ2
　｜ナンプラー……………大さじ½
　｜水………………………大さじ2

小さめのフライパンにAを中火で沸騰させ、唐揚げを加えて煮からめる。

ねぎ塩だれ

材料（2人分）

鶏もも肉唐揚げ……………1枚分
A｜長ねぎみじん切り……8センチ分
　｜ごま油…………………大さじ½
　｜鶏がらスープの素……小さじ1
　｜水………………………¼カップ
　｜しょうゆ………………小さじ1
　｜塩………………………少々
　｜ラー油…………………小さじ1

小さめのフライパンにAを中火で沸騰させ、唐揚げにかける。漬けておいてもよい（長ねぎは分量内のごま油でさっと炒めてから調味料を加えてもおいしい）。

唐揚げはたくさん作って1〜2週間は冷凍保存OK。冷凍保存用袋に入れておけば、好きな数だけ取り出せてお弁当にも便利！

part 2 〈和食〉唐揚げのバリエーションレシピ

「ドライ＋生パン粉」で、サックサクの食感に！

Japanese food
〈メイン食材〉
豚ロース

とんかつ

途中ではがれない揚げ衣の付け方をマスターしましょう！

Use Item!
揚げ鍋

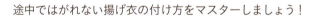

材料（2人分）

◆とんかつ
豚ロース厚切り（とんかつ用）
………… 2枚（200〜240g）
塩、こしょう………… 各少々
薄力粉 ………………… 適量

混ぜ合わせておく
A｜卵 ………………… 1個
　｜薄力粉 ………… 大さじ3
　｜水 …………… 大さじ1
パン粉（あればドライと生パン粉
を半量ずつ混ぜる）……… 適量
とんかつソース（中濃）、
　練りからし ………… 適量

◆付け合わせ
キャベツ …………… 3枚
　（千切りにして水にさらして、
　水気を切る）
レモン ……………… 1/2個
　（くし形切りにして、半分に切る）
きゅうり …………… 適量
　（斜め薄切りにする）
ミニトマト …… 適量（ヘタを取る）

〈和食〉とんかつ

part 2

Let's cooking!

下準備

1cm程度

- 豚肉は縮みを防ぐため、包丁の刃先で1cm程度の切り込みを数か所入れる。

1 衣を付ける

- 豚肉の両面に塩、こしょうをする。
- 薄力粉、混ぜ合わせておいたA、パン粉をそれぞれバットに広げ、順番にまぶし付ける。このとき、手でしっかり押さえながら付ける。

ポイント
衣が薄いところは、もう一度Aを付けてからパン粉を付けるとよい。揚げているうちにはげてしまうのを防ぐ。

2 揚げる

中／中

- 揚げ鍋に揚げ油を2cm深さまで入れる。**中火**にかけ**170℃**になったら**1**をゆっくり入れて**5〜8分**、**両面を揚げ**、**きつね色になりカリッとしたら取り出す**。
- 網に上げて油を切って粗熱を取る（取り出した後も、しばらくは余熱が入る）。

ポイント
衣がはがれないよう、全体の衣が少し固まるまでは触らない。

途中で何度か裏返し、両面をむらなく揚げる。

3 切り分け、盛り付ける

- 粗熱が取れたら切り分ける。
- 器に付け合わせとともに盛り付け、ソース、からしなどを添える。

one point advice

脂質を抑えたければヒレ肉を使ってもOK

脂質を抑えたいときは、ヒレ肉を使用しましょう。ロースに比べて脂身が少なく赤身中心なので、あっさりとした味わいになります。

> 最初から高めの温度の油で揚げるのがコツ！

〈メイン食材〉
じゃがいも

ひき肉入りコロッケ

コロッケは衣が命。サクサクにするためのテクを教えます。

材料（2人分）

◆コロッケ
- じゃがいも……… 2個 → 皮をむいて4〜6等分に切り、さっと水にさらす
- 玉ねぎ……… 1/4個 → みじん切りにする
- にんじん……… 1/6本（30g） → みじん切りにする
- 豚ひき肉……… 80g
- 塩、こしょう……… 各少々
- ソース……… 小さじ2

◆衣
- 薄力粉……… 適量

混ぜ合わせておく
- A
  - 卵……… 1個
  - 薄力粉……… 大さじ3
  - 水……… 大さじ1
- パン粉……… 適量
- 揚げ油……… 適量
- ソース……… 適量

◆付け合わせ
- レモン……… 1/2個（くし形切りにする）
- イタリアンパセリ……… 適量

※野菜など、切り方の指示があるものは、イラストを参考に、分量分を切っておく。

〈和食〉ひき肉入りコロッケ

下準備
- 鍋にじゃがいもと、かぶるくらいの水を入れる。水から**弱めの中火**で**15〜20分**ゆでる。

1 たねを作る

- じゃがいもをゆでている間に、フライパンに豚肉と玉ねぎ、にんじんを入れて**強めの弱火**で**4〜6分**炒める。豚肉から脂が出ない場合は、サラダ油（小さじ½・分量外）を加えて炒める。
- 塩、こしょうで下味をつける。

ポイント
テフロン加工のフライパンなら、豚肉の脂が少なくてもこげないので、油をひかなくてもOK。

2 じゃがいもをつぶす

- じゃがいもは竹串を刺して通るくらいになったらザルに上げて水気を切り、空にした鍋にすぐに戻す。
- **強めの弱火で30秒〜1分、炒るように加熱して余分な水分をとばす**（写真）。
- ボウルに移し、熱いうちにフォークなどで手早くつぶす。

ポイント
じゃがいもは手早くつぶす。時間をかけて練りすぎると、粘り気が出ておいしさが半減してしまう。少し粒が残っている程度にする。

3 成形して衣を付ける

- つぶしたじゃがいもに **1** を入れ、ソース、塩、こしょうを加えて**手早く混ぜ、味を調える**。
- 4等分にして、だ円形にまとめる。

ポイント
形を作るところまでは手早くやること。冷めると、まとまりにくくなってしまう。

- 薄力粉、混ぜ合わせておいた **A**、パン粉をそれぞれバットに広げ、順番にまぶし付ける。このとき、手でしっかり押さえながら付ける。

4 揚げる

- 揚げ鍋に揚げ油を2cm深さまで入れる。**中火**にかけ**170〜180℃**になったら **3** を入れる。**両面を揚げ、きつね色になりカリッとしたら取り出す**。
- 網に上げて油を切ってから、器に盛り付け、付け合わせ、ソースなどを添える。

ポイント
具にはすでに火が通っているので、中温で表面に色が付けばOK。

一度に入れると温度が下がってしまうので、注意。

揚げ油にごま油を加えるとコクが出ます

〈メイン食材〉
エビ・野菜

天ぷら3種
（エビ・さつまいも・ししとう）

 18cm 鍋

 揚げ鍋

サクサクの揚げたての食感は手作りならでは。揚げだねは新鮮なものを用意して。

材料（2人分）

◆ 天ぷら
（材料はできるだけ冷やして使う）
エビ（大） ……………… 4尾
ししとう ……… 6本（ヘタを取り、切り込みを1〜2cm入れる）
さつまいも …… 1/3本（約100g）
塩、こしょう ………… 各少々
薄力粉 ………………… 適量

A
卵黄 …………………… 1個分
冷水 …………………… 150ml
薄力粉 ………………… 100g

→ 8mm厚さの斜め切りにし、水に3〜5分さらして水気をよくふく

揚げ油 ………………… 適量

◆ 天つゆ
だし汁 ………………… 1/2カップ
酒、みりん、しょうゆ
　　　　　　　　各大さじ2
塩 ……………………… 小さじ1/4
削り節 ………………… 3g

◆ 付け合わせ
大根 …… 1/6本（皮を厚めにむいておろし、水気を軽く絞る）
レモン ………………… 適量
（くし形切りにする）

※野菜など、切り方の指示があるものは、イラストを参考に、分量分を切っておく。

Let's cooking!

1 天つゆを作る

- だし汁、酒、みりん、しょうゆ、塩を小鍋に入れて**2～3分中火**で沸騰させ、アルコール分をとばす。
- **削り節を加えて火を止め、2分**経ったらザルなどでこす。

ポイント
削り節を最後に加えること（追いがつお）で、さらにしっかりとだしの旨味が出た天つゆになる。

2 エビの下処理をする

- エビは下処理（やり方は63ページ参照）をしてから、塩（小さじ1・分量外）でもんで水洗いして、ペーパータオルで水気をふき取り塩、こしょうする。

3 衣を作る

- エビ、さつまいも、ししとうをバットに並べ、全体に薄く薄力粉をふる。
- ボウルに**A**を混ぜるが、薄力粉はふるって加えて箸で大きくざっくりと**6～10回**ほど混ぜる。**だまになっていてもいいので、混ぜすぎない。**
- 重曹があれば、ひとつまみ加えるとよりさっくりした味わいに。

ポイント
薄力粉をふっておくと、衣がからみやすく、揚げているときに衣がはがれない。

混ぜすぎると粘り気が出て硬い衣になってしまうので、できるだけざっくりと混ぜる。

4 揚げる

- 揚げ鍋に揚げ油を2cm深さまで入れて**中火**で熱する。さつまいも、エビ、ししとうの順に、3の衣をくぐらせて付け、熱した油に入れる。**弱めの中火**にして揚げる。いもやかぼちゃなど火が通りにくいものは、やや低めの温度から揚げていく。目安は、
さつまいも⇒160～170℃で6～8分
エビ⇒170℃で3～4分
ししとう⇒170℃で2～3分
- 網に上げて重ならないよう、立てかけるように並べて油を切る。
- 天つゆ、付け合わせとともに器に盛り付ける。

ポイント
全ての材料に一気に衣をつけてしまうと粘りが出てしまうので、油に入れる分だけ1つずつ衣をつけて揚げていく。

揚げる順番はお好みで、アツアツに食べたいものを最後に揚げるとよい。

〈和食〉天ぷら3種（エビ・さつまいも・ししとう）

ちらし寿司

高野豆腐や干ししいたけなど、味をよく含む食材を多めに入れると味がぼやけません。

part 2 〈和食〉 ちらし寿司

材料（2〜3人分）

◆寿司飯
- 米 ………………………… 2合

◆寿司酢 ［混ぜ合わせておく］
- 酢 ………………………… 大さじ3
- 砂糖 ……………………… 大さじ1・½
- 塩 ………………………… 小さじ½

◆具
- 干ししいたけ …………… 2枚
 （⅔カップのぬるま湯に30分漬けて戻す）
- 高野豆腐（ぬるま湯に1分漬けて戻す） …………… ½枚
- にんじん ………………… ¼本（45g）

皮をむいてさっと水にさらして、粗く刻む

- れんこん ………………… 2cm（約20g）

A
- 酒、みりん ……… 各大さじ1
- 砂糖 ……………… 大さじ1・⅓
- しょうゆ ………… 大さじ1・½
- だし汁 …………… ⅔カップ

5mm角に切る

千切りにする

1分ゆでて水にとり、斜め半分に切る

◆酢れんこん
- れんこん ………………… 3cm（約30g）

B
- 酢 ………………… 大さじ1
- 砂糖 ……………… 小さじ2
- 塩 ………………… 小さじ⅙

◆錦糸卵

C
- 卵 ………………… 2個
- 砂糖 ……………… 大さじ½
- 塩 ………………… 少々
- 酒 ………………… 小さじ½
- 片栗粉 …………… 小さじ⅓
- サラダ油 ……………………… ごく少量

◆飾り用
- さやいんげん（絹さや）…… 8本
- イクラ ……………………… 適量

※野菜など、切り方の指示があるものは、イラストを参考に、分量分を切っておく。

Let's cooking!

1 米を洗う

- 米を洗い、炊飯器の目盛りよりやや少なめ（2〜3mm下）に水加減しておく。炊飯器に「寿司飯」用の目盛りがあれば、水の量はそれに合わせる。
- **30分**吸水させて炊く。

2 具を作る（米を吸水させている間に）

- 干ししいたけは軸を取り、粗みじん切りにする。
- 鍋に具の材料すべてと**A**を入れて一度**中火**で沸騰させたら、**ふたをして弱火にし、15分煮る。**

ポイント
具の準備、飾りなどは前日などにあらかじめ用意しておくと手軽。もしくは、米を吸水させている間に作る。

続きは次のページ　113

- 15分煮たらふたをはずし、強火にして3〜5分さらに煮て水分を軽くとばす。

3 寿司酢と具を混ぜる

- 米が炊き上がったら、すぐに混ぜ合わせておいた寿司酢を回しかけ、うちわであおぎながら切るように混ぜる。
- 2で作った具も、すぐに混ぜる。

ポイント
炊き立て直後は、まだご飯が水分を吸収するので、炊き上がったらすぐに寿司酢を回しかける。

4 飾りを作り、盛り付ける

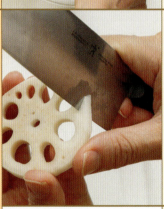

- 酢れんこんは、3mm厚さの薄切りにし、花形にむいて、水にさっとさらす（右ページ参照）。
- 小鍋に湯を沸かし、沸騰したら中火で1〜1分半歯ごたえが残るくらいにれんこんをゆで、混ぜ合わせておいたBに漬ける。
- Cを混ぜ合わせ、卵焼き用フライパンにサラダ油を薄く塗り、中火で熱して薄焼き卵を作る（右ページ参照）。

ポイント
Cで片栗粉を混ぜることで、焼いた卵が破れにくくなる。だまにならないよう、少量の水に溶いてから卵に混ぜる。

- 薄焼き卵の粗熱が取れたら、重ねてくるくる巻いて端から千切りにして錦糸卵を作る。
- 3を器に盛り付け、酢れんこんと錦糸卵、さやいんげん、イクラを飾る。

お祝い事のときには、さらに豪華に

ひな祭りや子どもの日、誕生日などに活躍するちらし寿司。具にエビやカニなどを加えれば華やかさがアップします。

れんこんの飾り切り

1. 3mm厚さの薄切りにする。

2. 穴と穴の間を包丁でむく。

3. 花形のれんこんのでき上がり。水にさらしてからゆでる。

薄焼き卵の作り方 （卵2個：3〜4枚分）

1. 卵焼き用フライパンにペーパータオルで油を薄く塗り、**中火**で熱する。混ぜた卵液を1/3〜1/4量流す。

2. **弱火**にして、卵の表面が固まるまで焼く。

3. 卵の中央からやや奥に菜箸を1本差し込む。くるくると菜箸を回すようにしながらそっと持ち上げる。

4. 表面を下にして同様に**10〜20秒**焼く。同様に残りの卵液も焼く。

卵は、錦糸卵以外にも厚めに焼いて型を抜いたり、炒り卵にして飾ってもきれいです。

〈和食〉ちらし寿司

> 茶碗蒸しの分量のルールは、卵1：だし汁3が基本

茶碗蒸し

〈メイン食材〉卵 / Japanese food

普段づかいのココットでも作れます！

Use Item! 22cm 鍋

材料（2〜3人分）

卵	1個
だし汁	170㎖
A 塩	小さじ1/6
A しょうゆ	小さじ1/2
A みりん、酒	各小さじ2/3
ささみ	2/3本（約35g）→ 小さめのそぎ切りにする（右ページ下準備を参照）
かまぼこ	2cm → 5mm厚さに切り、斜め半分にする
むきエビ	4〜6尾
しいたけ	1枚 → 軸を取り、薄切りにする
ぎんなん（水煮）	4〜6粒
三つ葉	2本 → 1cm幅に切る

※野菜など、切り方の指示があるものは、イラストを参考に、分量分を切っておく。

下準備

- むきエビは背ワタを取り、塩（少々・分量外）でもんで洗い流し、ペーパータオルで水気をふき取る。

[ささみのそぎ切り]

ささみの筋の両際に切り込みを入れる。

裏返して指で筋の端を持ち、包丁で軽く押さえながら筋を取る。

斜めに包丁を入れていく。

1 卵液を作る

- ボウルに卵を割り入れ、だし汁、**A**を加えて静かに混ぜる。**ボウルの底に箸をつけて切るようにしながら混ぜるとよい**（なめらかにしたいときは、ザルで一度こす）。

ポイント
だし汁は必ず冷ましておく。熱いまま使うと、卵を混ぜたとき、卵が固まってしまう。

2 卵液を器に注ぐ

- 器に、三つ葉以外の具を入れ、卵液を上から流し込む。アルミホイルでふたをかぶせる。

3 蒸す

- 器を鍋に入れて並べたとき、**器の半分くらいの高さの量の湯を中火で沸かす。**
- やけどをしないよう注意して、**2**を入れる。**ふたをして強めの弱火で10〜13分蒸す。**
- **表面が固まり、透明な汁が出てくればOK。**アルミホイルをはずし、熱いうちに三つ葉を散らす。

献立の立て方

ここでは、献立の組み立て方を紹介します。基本的な考え方をおさえておけば、マンネリ化しがちな食卓に変化が出るうえ、栄養面でもバランスがぐんとよくなります。以下のように「一汁三菜」作るのが難しい場合は、「一汁一菜」、「一汁二菜」でも十分です。まずは、一品、手作りの料理を食卓に並べてみましょう。

Step 1
食材・調理法・和洋中の3つのローテーション

1週間のメインの献立を決める際、食材、調理法、和洋中のジャンルをローテーションさせてみましょう。はじめのうちは、以下の「献立表」を参考に献立を考えるのをおすすめします。

Step 2
副菜と汁物をチョイス

メインを決めたら、それに合う副菜、汁物を決めましょう。慣れてくれば、冷蔵庫にある食材を使って、短時間で作ることができます。

Step 3
余った食材を使い切る日を入れても◎

使い切れなかった冷蔵庫の食材を使い切るメニューを決めておくと、食材を無駄にしたり、冷蔵庫の中がごちゃごちゃになることはありません。鍋や煮込み料理など、野菜をたくさん使うメニューがおすすめです。

	月	火	水	木	金	土	日
食材	魚	ひき肉	豚肉	魚	牛肉	ひき肉	鶏肉
調理法	煮る	揚げる	炒める	煮る	焼く	炒める	煮る
和・洋・中・エスニック	和	洋	中	和	洋	エスニック	和
主菜	ぶり大根	メンチカツ	酢豚	サバのみそ煮	ステーキ	タコライス	鍋
副菜1〜2品	小松菜と油揚げの煮びたし	コールスローサラダ	春雨サラダ	ほうれん草のごま和え	マカロニサラダ	ポテトサラダ	
汁物	みそ汁	春雨スープ	かき玉汁	アサリの潮汁	ミネストローネ	ブロッコリーのポタージュ	

part 3

クセになるおいしい食感をお家でも

中華
chinese food

パラッとしたチャーハン、プリッとしたエビチリなど食感を楽しめる中華料理。「難しそう……」と思うかもしれませんが、やさしい手順で作り方を紹介しています。

> 卵の後すぐにご飯を加えて、パラパラ食感に！

<chinese food>
〈メイン食材〉
ご飯

チャーハン

具を入れすぎないのが失敗しないコツ！ まずはこのレシピで試してみて！

Use Item!
26cm 深いフライパン

材料（2人分）

温かいご飯 ………… 茶碗2杯分 (350g)
卵 …………………… 2個
長ねぎ ……………… 10cm  みじん切りにする

焼き豚 ……………… 50g 8mm角に切る
ごま油 ……………… 大さじ1・½
しょうがすりおろし ………… 小さじ½
しょうゆ …………… 小さじ1
塩、こしょう ……… 各少々
鶏がらスープの素 ………… 小さじ⅔

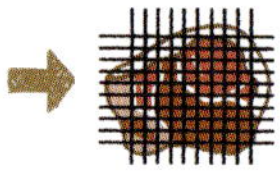

※野菜など、切り方の指示があるものは、イラストを参考に、分量分を切っておく。

〈中華〉チャーハン

下準備

- ボウルに卵を割り入れ、<u>泡立てないよう菜箸をボウルの底につけて切るように混ぜて溶く。</u>
- 作り始めたら一気に仕上げるため、すべての調味料を準備しておく。

1 炒める

- 深めのフライパンに、ごま油を**中火**で熱する。
- 長ねぎ、焼き豚、しょうがすりおろしを加え、そのまま**中火**で1～2分炒める。焦がさないよう火加減を調節しながら炒める。

ポイント
具はひき肉、ツナ、ハムなど何でもよいが、焼き豚だと仕上がりがパラパラ食感になりやすい。

2 卵とご飯を加え、炒める

- *1*に溶いた卵を一気に入れて、フライ返しやヘラで<u>ひと混ぜしたら、すぐにご飯を加えて中火でさらに2～3分炒める。</u>

- 全体がパラパラになるよう、<u>切るようにしながら手早く炒める。</u>

ポイント
フライ返しなどの先端が細いもので混ぜると、ご飯がべたつかない。

3 味を付ける

- <u>しょうゆを鍋肌から回すように加え、</u>塩、こしょう、鶏がらスープの素を加える。<u>中火のまま1分混ぜて味を調える。</u>
- 器に盛り付ける（ご飯茶碗などに入れて器にひっくり返して盛り付けてもよい）。

ポイント
しょうゆは鍋肌から加えると、余分な水分が蒸発してべたつかない。

---

one point advice

パラパラの食感にする秘訣

慣れないうちは、卵を先に炒めて一度取り出しておき、味付けする前に入れると、より失敗しにくくなります。具の水分が多いとご飯がベタベタになりがち。具は、ねぎと卵など水気のないシンプルなものから作ってみましょう。ご飯は温かいものを使い、多く入れすぎないことが、おいしく作るポイントです。

麻婆豆腐

水っぽくならないコツは、豆腐をゆでておくこと。

材料（2人分）

豆腐（木綿）……… 1丁（350〜400g）
豚ひき肉……………………… 80g
長ねぎ………………………… 10cm
しょうがみじん切り… 小さじ1・½
ごま油………………………… 大さじ2
A｜豆板醤……………………… 大さじ½
　｜甜麺醤………………… 大さじ1・½

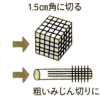
1.5cm角に切る
粗いみじん切りにする

B｜水 ……………… 150mℓ（¾カップ）
　｜鶏がらスープの素 ‥小さじ1
　｜しょうゆ、酒…… 各大さじ1
　｜砂糖………………… 小さじ⅔
片栗粉………………………… 小さじ2
（大さじ1・½の水で溶いておく）
花椒（なければ山椒）…………… 少々
白髪ねぎ……………………… 適量

※野菜など、切り方の指示があるものは、イラストを参考に、分量分を切っておく。

レトルトの麻婆豆腐から卒業すると、ぐっとお料理上手に。作ってみると、じつはとても簡単なんですよ！

Let's cooking!

下準備

- 鍋に湯を沸かし、1.5cm角に切った豆腐を**中火**で**1〜2分**ゆで、ザルに上げて水気を切る。
- **A**と**B**をそれぞれボウルに入れ、混ぜ合わせておく。

ポイント
豆腐は、ゆでた後きちんと水気を切ることで、水っぽくならずに仕上がる。

作り始めたら一気に仕上げるため、すべての調味料を準備しておく。

1 炒める

- 深めのフライパンにごま油（大さじ1）を**中火**で熱し、ひき肉を**2〜3分**、色が変わるまで炒める。
- 長ねぎ、しょうが、**A**を加えて香りが立つまでさらに**1〜2分**炒める。

ポイント
長ねぎは炒めすぎると香りがとんでしまうので、さっと炒める。

続きは次のページ

2 煮る		• Bを加え、中火のまま煮立てる。	
		• ぐつぐつ煮立ったら豆腐を加えて、くずれないようゆっくり混ぜ、さらに中火で2〜3分煮る。 • 残りのごま油（大さじ1）も加える。	**ポイント** ごま油を後から加えると香りがアップするが、さっぱりと仕上げたいときは加えなくてもOK。
3 とろみをつける		• 弱火にし、水溶き片栗粉を回し入れ、とろみをつける。 • 中火にして1〜2分、ゆっくりと数回かき混ぜながら煮る。 • 器に盛り付け、仕上げに花椒をふり、白髪ねぎをのせる。	**ポイント** 水溶き片栗粉を入れるときは、一度火を弱めるか消すとよい。急に火が入りすぎると、だまになってしまう。

具を変えてアレンジしても

豆腐の代わりに炒めたなすを加えて麻婆なすにしてもおいしいです。また、豆腐を加える前の状態の麻婆だれを多めに作って冷凍しておくと便利です。

中華・エスニックの調味料について

中華やエスニック料理の調味料について紹介します。普段の料理に活用しても、新しいおいしさにつながります。

鶏がらスープの素

鶏がらを煮出したスープの素。あっさりとしていてコクがあるので、スープはもちろん、鶏だしの鍋や炒めものなど、あらゆる料理に利用できます。

ラー油

唐辛子などの香辛料を植物油の中で加熱して辛味成分を抽出した調味油。さっぱりしていて、コクが増すので、餃子のたれはもちろん、スープや炒め物に少々加えると風味が引き立ちます。

オイスターソース

カキを主原料とする調味料。しょうゆやみそと同様に使えますが、甘辛さが強いので少なめに調節を。マヨネーズと混ぜてソースにしても旨味が強まります。

豆板醤 (トウバンジャン)

そら豆に大豆、米、大豆油、ごま油、塩、唐辛子などを加えて作る中国の北方に多いペースト状の調味料。辛味だけでなく、塩分もあり、きんぴらやペンネアラビアータなどに加えても。

甜面醤 (テンメンジャン)

中国の甘みそ。赤みそと砂糖を混ぜたような味で、合わせみそとして使えます。火を通すことにより強い香りが出るので、肉や野菜を炒めるときや煮物の隠し味としておすすめです。

コチジャン

もち米こうじ、唐辛子の粉などを主原料とする韓国料理には欠かせない発酵食品です。ビビンバはもちろん、鍋物や煮物、炒め物、和え物にも。生野菜につけたり、ご飯に混ぜてもおいしい。

花椒 (ホアジャオ)

四川料理には欠かせない調味料で、麻婆豆腐や坦々麺の味は花椒で決まるともいわれています。花椒は山椒よりもさらに芳香、辛みが強いです。

ナンプラー

主にカタクチイワシなどの魚を発酵させて作る調味料。タイでは日本におけるしょうゆのような存在。煮物や炒め物、サラダなど、あらゆる料理に使えます。

スイートチリソース

唐辛子、酢、塩、スパイス、砂糖などを入れたソースで魚介類とよく合います。ベトナム料理の生春巻きや揚げ物のたれとして使われるほか、サラダのドレッシングにおすすめです。

> プリプリ食感の
> エビチリが、
> おうちでも簡単に♪

エビチリ

26cm
深いフライパン

材料（2人分）

エビ（中）……………… 12〜16尾	ケチャップ……………… 大さじ1
（ブラックタイガー、大正エビなど）	水………………… 1/3カップ
A 卵白……………… 1/2個分	鶏がらスープの素
片栗粉………… 大さじ1/2	………………… 小さじ1/2
塩、こしょう……… 各少々	酒………………… 大さじ2/3
ごま油……………… 大さじ1・1/2	B 砂糖……………… 小さじ1
長ねぎ… 1/3本（粗みじん切りにする）	酢……………… 小さじ2/3
しょうがみじん切り… 小さじ1	しょうゆ……… 小さじ1
にんにくみじん切り… 小さじ1/2	片栗粉……… 小さじ1・1/2
豆板醤……………… 小さじ1	（少量の水で溶いておく）

1 エビの下処理をする

- エビは殻をすべてむき、背に包丁で切り込みを入れて、背ワタを取り除く。ボウルに入れて、塩（小さじ1・分量外）でもんで水で洗い流し、ペーパータオルで水気をふき取る。
- ボウルに**A**を混ぜ合わせ、エビを入れてよくもみ込む。

2 焼く

- 深めのフライパンにごま油を**強めの弱火**で熱し、エビを入れる。
- 焦がさないように途中で裏返しながら1〜2分、両面の色が変わるまで焼く。

ポイント 後で火が入るので、ここで完全に火が通っていなくてOK。

3 炒める

- 長ねぎ、しょうが、にんにく、豆板醤、ケチャップを加える。**強めの弱火**のままで1分ほど炒めて香りを出す。

4 煮る

- **B**を加えてさらに少し火を強めて**中火**で煮立てる。とろみがつくまでゆっくりと混ぜながら、2〜3分煮て器に盛り付ける。

ポイント お好みで、グリンピースなどを彩りに加えてもよい。

> マヨネーズソースを混ぜるだけのお手軽さ！

エビマヨ

26cm 深いフライパン

材料（2人分）

- えび（中～大）……… 12～16尾
- A
  - 塩、こしょう……… 各少々
  - 酒………………… 小さじ1
  - 卵白……………… ½個分
  - にんにく、しょうがのみじん切り
    ………………… 各小さじ¼
  - 片栗粉…大さじ1・½～2
- B
  - マヨネーズ……… 大さじ2
  - 生クリーム……… 大さじ2
  - ケチャップ……… 小さじ½
  - しょうゆ………… 小さじ½
  - ごま油…………… 小さじ¼
  - 塩、こしょう……… 各少々
- ごま油………………… 大さじ1

◆ 付け合わせ
- レタス（千切りにする）……… 適量

※生クリームは、乳脂肪分37～45%のものを使うとコクが出ておいしい。

※マヨネーズは、低カロリータイプでないものを使うとコクが出ておいしい。

part 3 〈中華〉エビチリ／エビマヨ

1 エビの下処理をする

- エビは殻をすべてむき、背に包丁で切り込みを入れて、背ワタを取り除く。ボウルに入れて、塩（小さじ1・分量外）でもんで水で洗い流し、ペーパータオルで水気をふき取る。
- ボウルにAを混ぜ合わせ、エビを入れてよくもみ込む。

2 ソースを作る

- Bを小さめのボウルに入れ、混ぜ合わせておく。

3 焼く

中 → 強め中

- 深めのフライパンにごま油を中火で熱し、エビを1尾ずつ入れる。エビどうしがくっつかないよう、1尾ずつ手早く入れる。
- 強めの中火にして2～3分、全体に焼き付けるようにしながら火が通るまで焼いたら、火を止める。

4 ソースを加え、炒める

止

- 3が熱いうちに2のソースを加えて、手早く炒めてエビにからめる。
- 付け合わせとともに器に盛り付ける。

> 味付けは
> オイスターソース
> だけのお手軽さ!

〈メイン食材〉
chinese food
牛薄切り肉

牛肉のオイスターソース炒め

Use Item!
26cm
深いフライパン

水溶き片栗粉でとろみをつけると、味がよくからみます。

材料（2人分）

牛薄切り肉 ……………… 140g  1cm幅に切る
しょうが、にんにくの
　すりおろし …… 各小さじ½
パプリカ（赤、黄）…… 各⅙個　 ヘタと種を取り、薄切りにする
もやし ………… 100g（½パック）
　（水で洗って水気をよく切る）

ニラ ……………………… ½束　 5cm幅に切る
ごま油 …………………… 大さじ1
酒 ………………………… 大さじ1
オイスターソース
　……………………… 大さじ1・½

こしょう ………………… 少々
片栗粉 …………… 小さじ1弱
（大さじ1の水で溶いておく）

※野菜など、切り方の指示があるものは、イラストを参考に、分量分を切っておく。

part 3 〈中華〉牛肉のオイスターソース炒め

Let's cooking!

1 牛肉を炒める		・深めのフライパンにごま油を**中火**で熱し、牛薄切り肉、しょうが、にんにくを入れてほぐすように炒める。焦がさないよう、火が強ければ調節する。	**ポイント** 牛肉は、油と混ぜるようにほぐしながら炒める。
2 野菜を加える		・牛肉に火が通り、色が変わったら、パプリカを加えて少し火を強め、**強めの中火**で1分炒める。 ・もやし、ニラの順に加え、そのまま手早く30秒炒める。	**ポイント** 火が通りにくい食材から炒める。
3 調味料を加え、炒める		・続けて酒、オイスターソース、こしょうを入れ、菜箸でざっと混ぜながら炒める。	**ポイント** 調味料はあらかじめ用意しておき、一気に仕上げる。
4 とろみをつける		・水溶き片栗粉を加え、**強めの中火**にして30秒炒め、とろみをつける。	

Q オイスターソースってなあに？

A カキのエキスが入ったソースです。カキ独特の風味があり、中華料理で使われます。肉や魚介、野菜と、どんな食材にも合うため、常備しておくと便利です（125ページ参照）。

餃子

肉だねをしばらく寝かせるのがポイント。おいしさが格段に上がります。

Use Item! 26cm フライパン

材料（30個分）

餃子の皮	30枚
豚ひき肉	150g
キャベツ	200g
塩	小さじ½
ニラ	½束
A しょうがすりおろし	小さじ1
こしょう	少々
しょうゆ	大さじ1
酒、砂糖	各大さじ½
片栗粉、ごま油	各大さじ½
ごま油	大さじ1・½

◆付けだれ
しょうゆ、酢 ……… 各適量
ラー油 ……… 少々

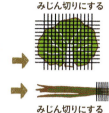
みじん切りにする

みじん切りにする

※野菜など、切り方の指示があるものは、イラストを参考に、分量分を切っておく。

one point advice　餃子の肉だねと包み方について

餃子の肉だねは、冷やしておくと肉が野菜の水分を吸ってくれるので、まとまって包みやすく、おいしくなります。

Let's cooking!

下準備

- キャベツはボウルに入れて塩でもみ、**5分おく。**
- ペーパータオルで包んでしっかりと水分を絞る。

ポイント　キャベツの水分は、しっかりと絞る。

1 肉だねを作る

- ボウルに、ひき肉、塩もみしたキャベツ、ニラ、**A**を入れる。**野菜とひき肉がしっかりとなじみ、粘り気が出てくるまで手でよく混ぜる。**

ポイント　ラップをして冷蔵庫で30分寝かせると、肉だねがさらにしっとりして包みやすくなり、おいしさもアップ。

続きは次のページ

2 皮で包む

- 餃子の皮の中央に **1** をティースプーン1杯分のせ、皮の周りに水を付ける。

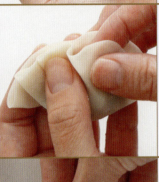

- ひだを寄せながら包み、**もう一度しっかりとくっつけるように手で押さえる。**

ポイント
ひだを寄せるのが難しければ、最初はそのまま貼り付けてしまってもOK。

- **底を押しつけるようにして底面を作る。**

ポイント
底面をつくると、この部分に焼き色が付く。

3 焼く

- フライパンにごま油（小さじ1）をひき、餃子を並べる（火はまだ入れない）。
- **フライパンを中火にかけ、底面が少し乾くように1分焼く。**

ポイント
餃子を並べるのは縦でも円形でもOK。量が多いときは円形にするとたくさん入る。円の外側から並べて、最後は中心を埋めるように置くのがコツ。

- **水（分量外）を餃子の半分くらいの高さまで加える（写真）。**
- ふたをして中火で4〜6分焼く。
- パチパチと音がして、水分がほとんどなくなったら、ふたを取り水を蒸発させる。

- 残りのごま油をフライパンの周りから回し入れる。
- おいしそうな焼き色が付くまで**中火**でさらに**2〜4分**焼く。

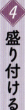

4 盛り付ける

- フライパンより少し小さめのお皿をかぶせて、皿を押さえながらひっくり返す。
- 付けだれを添える。

ポイント
餃子が余ったら、生のままでも焼いてからでも冷凍保存できる。

part 3 〈中華〉餃子

Q&A 教えて先生！

Q 肉だねのアレンジ方法を教えてください。

A 豚ひき肉の代わりに鶏ひき肉で作るとさっぱりとした味わいになります。また、甜面醤（テンメンジャン）（小さじ2）を加えてしょうゆを控えめにすれば、コクが増して本格的な味わいに。

Q 野菜はキャベツやニラ以外でも作れるの？

A 白菜やほうれん草、春菊を使ってもおいしく作れます。白菜はさっとゆでて粗みじん切りにし、ペーパータオルで水気をよく絞ります。ほうれん草や春菊はさっとゆでて水気をよく絞り、粗みじん切りに。春菊を入れると独特の香りが出ておいしいです。

> シンプルな材料でも、本格的な仕上がりに

焼売

〈メイン食材〉 豚ひき肉 *chinese food*

肉だねは丸めてから皮で包むときれいに包めます。

Use Item! 22cm 鍋

材料（2人分、12個分）

焼売の皮 ………… 12枚
豚ひき肉 ………… 200g
玉ねぎ …………… ¼個

みじん切りにする

A
- しょうがすりおろし ………… 小さじ½
- ごま油、しょうゆ、砂糖 ………… 各小さじ½
- 片栗粉 …… 大さじ1・½
- 酒 ………… 小さじ1
- 塩 ………… 小さじ¼弱

グリンピース ………… 12個

◆付けだれ
しょうゆ ………… 適量
練りからし ………… 少々

※野菜など、切り方の指示があるものは、イラストを参考に、分量分を切っておく。

〈中華〉焼売

1 肉だねを作る

- ボウルにひき肉、玉ねぎ、**A**を入れる。玉ねぎとひき肉がしっとりとなじみ、粘り気が出てくるまで手でよく混ぜる。
- 12等分して、ピンポン玉のように丸める。

ポイント
豪華にしたいときは、ホタテの水煮、桜エビなどを刻んで混ぜるとよい。

2 皮で包む

- 左手の親指と人差し指で輪を作り、その上に皮を置いて肉だねをのせる。

- 皮で肉だねを包み、底を平らにして形を整える。同様に12個を包む。
- 上にグリンピースをのせる。

ポイント
上の方がうまく包めない場合は、皮の四隅を少し切り落とすと、ぴったりときれいに包める。

飾りにグリンピース、パプリカのみじん切りなどをのせてもきれい。

3 蒸す

- 鍋に蒸し板をのせ、水を張って火にかける。蒸気が上がったら、クッキングシートに**2**を並べて蒸し器に入れる。強めの中火にして12分蒸す。
- 蒸し上がったら器に盛り付け、しょうゆ、練りからしなどを添える。

ポイント
蒸し器のふたの内側には、布巾をかぶせる。火に布巾がかぶさらないように注意する。

Arrange menu

餃子の皮を細切りにしてまぶすと華やかな「菊花しゅうまい」に。おもてなしや、お祝い事の際におすすめです。

外はサクサク、中はしっとり。お弁当のおかずにも！

chinese food
〈メイン食材〉
豚ひき肉

春巻き

パリッと揚げる最大のコツは、低めの温度から揚げること。

Use Item! 26cm 深いフライパン Use Item! 揚げ鍋

材料(2人分)

春巻きの皮 …………… 6枚
（冷蔵庫から出して常温に戻す）

◆具
豚ひき肉 …………… 200g
玉ねぎ …………… ¼個
たけのこ(水煮) …… 40g
にんじん …………… ⅙本(30g)
春雨 …………… 25g
ごま油 …………… 大さじ½

みじん切りにする
みじん切りにする
みじん切りにする

混ぜ合わせておく

A
しょうゆ …… 大さじ½
しょうがすりおろし
    …………… 小さじ1
オイスターソース
    …………… 大さじ1
酒 …………… 大さじ1
片栗粉 …… 大さじ½
（大さじ2の水で溶いておく）
こしょう …………… 少々

薄力粉 …………… 大さじ1
（少量の水で溶いておく）
揚げ油 …………… 適量
酢じょうゆなどの付けだれ、
練りからし …………… 適量

※野菜など、切り方の指示がある
ものは、イラストを参考に、分
量分を切っておく。

〈中華〉春巻き

part 3

| 下準備 | 鍋に湯を沸かし、春雨を熱湯で**4分**戻す。戻ったら冷水で冷やし、ザルに上げてペーパータオルに包んで水気を絞る。食べやすい長さ（3〜4等分）に切る。ショートタイプのものを使えば、切らずにそのまま使える。 | |

1 炒める

- 深めのフライパンにごま油を**中火**で熱し、ひき肉、玉ねぎ、たけのこ、にんじんを**4〜5分**炒める。
- ひき肉の色が変わり、全体に火が通るまで炒める。

- 春雨、混ぜ合わせておいた**A**を加える。**中火のまま**とろみがつくまで**炒め、バット**などに移して冷まし、6等分する。

ポイント
具の粗熱をしっかりと取っておくと、包むとき皮に油がしみず、包みやすい。

2 皮で包む

- 春巻きの皮をまな板の上などに広げ、**1**を手前に1/6量ずつのせる。春巻きの皮は、表と裏があるので間違えないよう注意する。
- 手前を一度折り、左右を折りたたんでくるくると巻いていく。巻き終わりを少量の水で溶いた薄力粉でしっかりと止める。

3 揚げる

- 揚げ鍋に揚げ油を2cm深さまで入れる。**中火**にかけ160℃になったら揚げはじめる。
- **徐々に温度を上げて、170〜180℃で3〜5分揚げる。**
- **表面がきつね色になり、パリッとしたらでき上がり。**
- 網に上げて油を切ってから、器に盛り付ける。
- 好みの付けだれ、からしなどを添える。

ポイント
少し低めの温度から揚げはじめ、徐々に温度を上げていくことで、パリッと仕上がる。

「豚肉は、揚げずに多めの油で焼くだけでOK！」

〈メイン食材〉
豚ロース肉

酢豚

野菜は火が通りやすいよう、やや小さめにカットしましょう。

鍋 18cm / 深いフライパン 26cm

材料(2人分)

- 豚ロース肉 …… 160g
- 塩、こしょう …… 各少々
- 片栗粉 …… 小さじ1
- にんじん …… 1/4本(45g)
- パプリカ(黄) …… 1/4個

※野菜など、切り方の指示があるものは、イラストを参考に、分量分を切っておく。

乱切りにする

- ピーマン …… 1個
- 玉ねぎ …… 1/3個
- たけのこ(水煮) …… 40g
- ごま油 …… 大さじ1・1/2

ヘタと種を取り、1.5cm程度の乱切りにする
1.5cm程度の乱切りにする

8等分のくし形切りにしバラバラにしておく

A 混ぜ合わせておく
- 水 …… 1/2カップ
- 鶏がらスープの素 …… 小さじ2/3
- 酒、ケチャップ …… 各大さじ1
- 砂糖、しょうゆ …… 各大さじ2
- 酢 …… 大さじ1・2/3
- しょうがすりおろし …… 小さじ1
- 片栗粉 …… 小さじ2
(大さじ1・1/2の水で溶いておく)

part 3 〈中華〉酢豚

下準備

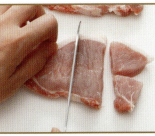

- 豚肉は1.5〜2cm角に切り、塩、こしょう、片栗粉をまぶす。
- 鍋ににんじんとかぶるくらいの水を入れて**中火**にかける。にんじんは竹串を刺して通るくらいになるまで**6〜8分**ゆでる。

ポイント
豚肉は、サイコロ状の酢豚用のものを使ってもよいが、とんかつ用の厚切り肉やヒレ肉を使ってもよい。焼いても硬くなりにくく、柔らかく仕上がる。

1 豚肉を炒める

- 深めのフライパンにごま油を**強めの弱火**で熱する。
- 豚肉を入れ、焦がさないよう**3〜4分**炒める。油が多くはねる場合は、ふたをしながら焼く。

ポイント
火が強すぎると焦げてしまうので注意。

2 野菜を加える

- **1**にパプリカ、ピーマン、玉ねぎ、たけのこの順に加える。**中火**にしてさらに**3〜4分**炒める。
- 全体に油が回って野菜がしんなりしてきたら、にんじんも加える。

ポイント
野菜は火が通りにくいものから炒める。

具はしいたけ、きゅうり、長ねぎ、パイナップルなどもおいしい。

3 煮立ててとろみをつける

- 混ぜ合わせておいた**A**を加えて、**中火**のまま煮立てる。

- とろみがつくまで**2〜3分**煮て、器に盛り付ける。

片栗粉でとろみをつけるときのコツ

あらかじめ水で溶いた片栗粉を調味液に混ぜ合わせておき、フライパンに加えて煮ると、だまにならずに適度なとろみがつきます。

column

野菜の保存方法の鉄則

ここでは野菜の保存方法を学びましょう。一度に使い切れない野菜が冷蔵庫に残ってしまうことはありませんか？ そんなお悩みを解決する保存術を紹介します。

野菜の保存は、鮮度を保つことが大切です。正しい保存方法を知っておけば、野菜を無駄にせず、上手に使いきることができますよ！

野菜の冷蔵保存について

●冷蔵NGな野菜
いも類は10〜14℃の保存温度が最適ですので、冷蔵保存は避けます。日の当たらない冷暗所で保存しましょう。

●冷蔵OKな野菜
葉物や果菜（なす、ピーマン、きゅうり、トマト）などは冷蔵庫の野菜室で保存できます。

冷蔵庫の野菜室に入れるときのルール

必ずビニール袋に入れたり、ラップをしましょう。大根やねぎ、丸ごとのキャベツや白菜など、大きくて保存に場所をとる野菜はカットしてからラップをして保存します。

その他の保存アイデア

吊るして保存

玉ねぎやにんにくは湿気が苦手なので、かごや網の袋などに入れて、直射日光の当たらない風通しのよい場所に吊るして保存します。

加熱して保存する

キャベツやほうれん草などの葉物、鮮度が落ちやすい野菜はカットしてから加熱し、粗熱と水気を取ってから冷蔵庫で保存しても。ただし、早めに使い切るようにしましょう。

新聞紙に包んで保存

いも類、白菜、大根などの野菜は、新聞紙で包んで保存できます。新聞紙は保湿の手助けをしてくれます。

冷凍保存する

多くの野菜は、冷凍保存すれば1〜2週間保存できます。炒め物や煮物のときに冷凍のまま加熱調理できるので重宝します。

part 4

作り置きにもお弁当のおかずにも◎

サラダ・和え物
salad

これだけでは物足りないというときの「もう一品」に大活躍するサラダと和え物。お弁当のおかずにも便利です。作り置きしておけば2〜3日は冷蔵庫で保存できます。

コールスローサラダ

酢とサラダ油のバランスで、おいしさが決まります

材料(2人分)
- キャベツ……………… ⅙個
  （芯を取り、8mm角に切る）
- 塩 …………………… 小さじ⅓
- コーン ……………… ¼カップ

A（混ぜ合わせておく）
- サラダ油………… 小さじ2
- 酢 ……………… 小さじ1
- レモン汁………… 小さじ⅔
- マヨネーズ……… 大さじ1
- 塩、砂糖………… 各少々
- こしょう………… 少々

1 塩でもむ
- ボウルに切ったキャベツと塩を入れ、手でもんで5分おき、ペーパータオルに包んで水気を絞る。

ポイント キャベツは塩もみした後、しんなりするので、あまり細かくなりすぎないように切る。

2 和える
- ボウルに**1**とコーンを入れ、**A**で和える。
- キャベツの塩味があるので、塩加減は味をみて調節する。

スモークサーモンのマリネサラダ

玉ねぎとカッテージチーズをたっぷり加えます

材料(2人分)
- スモークサーモン ………… 80g
- 玉ねぎ ……………………… ½個
  （繊維と平行に薄く切る）
- きゅうり …………………… ⅔本
  （縦半分に切り、斜め薄切りにする）
- 塩 ………………………… 小さじ⅓
- カッテージチーズ ………… 50g

A
- オリーブ油 ……… 大さじ2
- 白ワインビネガー… 大さじ1
- レモン汁 ………… 大さじ1
- 塩、ブラックペッパー… 各少々

下準備
- ボウルに玉ねぎとたっぷりの水を入れ、5～10分さらして辛みを取り、ペーパータオルに包んで水気を絞る。
- きゅうりは塩でもみ、ペーパータオルに包んで水気を絞る。

1 サーモンを切る
- スモークサーモンは⅓～半分に切る。

ポイント 生ハムで作ってもおいしい。

2 和える
- ボウルに**A**を混ぜ合わせ、玉ねぎ、きゅうり、**1**、カッテージチーズを加えて和える。
- 味をみて、塩、ブラックペッパーで調える。

ポイント 白ワインビネガーがなければ、酢で代用できる。

> 玉ねぎ＋酢で、しっとりコクのある味わいに

ポテトサラダ

Use Item! 18cm 鍋

材料（2人分）

- じゃがいも……………… 2個
  （皮をむいて4～6等分に切り、さっと水にさらす）
- にんじん…………… 1/6本（30g）
  （ゆでていちょう切りにする）
- きゅうり…… 1/3本（輪切りにする）
- 塩……………………………… 少々
- 玉ねぎ………………………… 1/6個
  （繊維に平行に薄く切る）
- ハム…………………………… 2枚
- A　マヨネーズ…大さじ2・1/2
　　酢………………… 大さじ1/2
　　塩、こしょう……… 各少々

Arrange menu

具材は、トマト、ブロッコリー、ウィンナーを加えてもよい。上にゆで卵をのせてもおいしい。

part 4

〈サラダ・和え物〉コールスローサラダ／スモークサーモンのマリネサラダ／ポテトサラダ

1　じゃがいもとにんじんをゆでる

- じゃがいもとにんじんは鍋で水からゆでる。**強めの弱火にかけ、にんじんは6～10分ゆで、先に取り出す。じゃがいもは10～15分**、竹串を刺して通るくらいになるまでゆでる。
- 玉ねぎは、**5秒湯通しして冷水で冷やし**、ペーパータオルに包んで水気を絞る。

2　じゃがいもをつぶす

- 1のじゃがいもをザルに上げて水気をよく切り、ボウルに移す。
- **熱いうちにフォークで手早くつぶして混ぜる。じゃがいもの形が少し残るようにする。**

ポイント じゃがいもは混ぜすぎると粘り気が出ておいしくないので、手早く混ぜる。

3　具材を用意する

- にんじんは水気を切って、いちょう切りにする。
- きゅうりは塩でもんでペーパータオルに包んで水気を絞る。
- ハムは1cm角に切る。

4　和える

- 2に、にんじん、玉ねぎ、きゅうり、ハムを加える。
- Aで和えて味を調える。

ゆでた後、オリーブ油をからめるのが最大のコツ！

マカロニサラダ

Use Item!
18cm 鍋

材料(2人分)

- マカロニ‥‥‥‥‥‥‥‥ 60g
- にんじん‥‥‥‥‥ 1/4本 (45g)
  （太めの千切りにする）
- きゅうり‥‥‥ 1/2本（千切りにする）
- 玉ねぎ‥‥‥ 1/6個（薄切りにする）
- ハム‥‥‥‥‥‥‥‥‥‥ 2枚
  （2〜3等分して、細切りにする）
- オリーブ油‥‥‥‥‥ 小さじ2

※マカロニの大きさにそろえて、ほかの材料も切るとよい。

A
- 酢‥‥‥‥‥‥‥‥ 小さじ2
- マヨネーズ‥‥‥‥ 大さじ2・1/2
- 砂糖‥‥‥‥‥‥‥ 小さじ2/3
- 塩、こしょう‥‥‥‥ 各少々

下準備
- きゅうりは塩（少々）でもんでペーパータオルに包んで水気を絞る。

1 野菜をゆでる

- 鍋ににんじんとたっぷりの水を入れる。**中火で6〜10分**ゆで、穴あきお玉ですくってザルに上げる。ペーパータオルに包んで水気を絞る。
- 続けて玉ねぎを入れて**5秒**ゆで、穴あきお玉ですくって冷水で冷やし、ペーパータオルに包んで水気を絞る。

ポイント 玉ねぎは湯を通すことで辛みや匂いが取れて、しっとりとしたサラダになる。

2 マカロニをゆでる

- **1**と同じ湯を再び沸騰させてマカロニを入れ、表示時間どおりに**中火**でゆで、ザルに上げる。
- すぐに冷水で冷やして水気をよく切り、オリーブ油をまぶす。

ポイント オリーブ油をまぶすことで、マカロニがふやけて調味料を吸ってしまうのを防ぐ。

3 和える

- 材料すべてを**A**で和え、塩、こしょうで味を調える。

> 味は本格的なのに、マヨネーズベースで作るからお手軽！

シーザーサラダ

 use item!

オーブントースター

材料（2人分）

- レタス……………………… ¼玉
- ベーコン………………… 40g
  （厚切りのもの、かたまりを5mm厚さ×1cm幅に切ると食感が出ておいしい）
- フランスパン（バゲット）
  ……………………… 20g（2cm）

A
- マヨネーズ‥大さじ1・½
- 白ワインビネガー
  ………………… 小さじ1
- オリーブ油……… 小さじ1
- にんにくすりおろし
  ………………… 小さじ¼
- アンチョビみじん切り
  ………………………… 15g
  （アンチョビペーストを使う場合は小さじ1弱）
- 砂糖、塩………… 各少々
- ブラックペッパー…… 少々
- 粉チーズ……… 大さじ½

粉チーズ、
　ブラックペッパー … 各適量

---

1 レタスをちぎる
- レタスは冷水で洗って大きめにちぎり、水気をよく切る。

2 フランスパンとベーコンを焼く

- ベーコンは1cm幅に切る。
- フランスパンは、できるだけ耳を残し1.5cm角に切る。
- アルミホイルを敷いた鉄板の上に、ベーコン、フランスパンをのせ、オーブントースターで**4〜5分**加熱する。
- ベーコンは、焦げ目が付くまで焼き、**余分な脂はペーパータオルでふき取る**。フランスパンは、カリッと焼き目が付くまで焼く。

3 和える

- ボウルに**A**を混ぜ合わせ、**1、2**を入れて和える。トングを使うと混ぜやすい。
- 仕上げに上から粉チーズ、ブラックペッパーを散らす。

ポイント アンチョビは塩味が強いので、味をみながら調整する。

レタスはドレッシングで和えると、しんなりして水っぽくなるので、食べる直前に和えるとよい。

ごま油＋酢で、味がしまります！

春雨サラダ

材料（2人分）

春雨（緑豆春雨）	50g
きゅうり	1/2本
（3cm長さの千切りにする）	
にんじん	1/3本（60g）
（3cm長さの千切りにする）	
ハム	2枚
（半分に切って千切りにする）	
卵	1個

A	塩	少々
	酒、砂糖	各小さじ1
	サラダ油	少々
B	ごま油	大さじ1
	しょうゆ	大さじ1
	酢	大さじ2
	砂糖	小さじ1
	白炒りごま	小さじ1

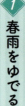

1 春雨をゆでる

- 鍋に湯を沸かし、春雨を熱湯で**4分**戻す。戻ったら冷水で冷やし、ザルに上げてペーパータオルに包んで水気を絞る。食べやすい長さ（3～4等分）に切る。
- 春雨をゆでた湯でにんじんを1～2分ゆでて水気を切る。

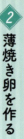

2 薄焼き卵を作る

- 卵をボウルに割り入れ、**A**を加えて菜箸で混ぜる。卵焼き用フライパンを**中火**で熱し、油を薄く塗って薄焼き卵2枚を作る（115ページ参照）。
- 薄焼き卵の粗熱が取れたら、重ねてくるくる巻いて端から千切りにする。

3 和える

- ボウルに**B**を混ぜ合わせる。
- 材料すべてをボウルに加えて和える。

> ツナを入れると味がいっそうまとまります

ひじきと水菜の豆サラダ

材料(2人分)

ツナ(マグロ油漬け缶)	30g	水菜	1株(2cm長さに切る)
ミックスビーンズ(豆ミックス缶など)	50g	A	しょうゆ 大さじ½
ひじきの水煮	40g		酢 大さじ½
			オリーブ油 大さじ½

下準備
- ツナは、汁気を軽く切る。
- ひじきは、水気を切っておく。

ポイント ツナは、油漬け缶を使用するとしっとりしておいしい。ノンオイルのものを使うときは油を少し多めに加える。

1 混ぜ合わせる
- ツナ、ミックスビーンズ、ひじきの水煮、Aをすべてボウルに入れて混ぜる。
- 食べる直前に水菜を加えて混ぜる。

ポイント 水菜は混ぜるとしんなりしてしまうので、できるだけ食べる直前に加える。

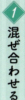

> ヨーグルトで、さっぱり&クリーミーな仕上がりに

かぼちゃとさつまいもの スイートサラダ

材料(2人分)

かぼちゃ	⅛個(約150g)	レーズン	20g(大さじ1・½)
(ワタを取り、2cmの角切りにする)		A	ヨーグルト 大さじ1・½
さつまいも	½本(約150g)		マヨネーズ 大さじ2・½
(1cm厚さの半月切りにする)			塩、こしょう 各少々

下準備
- かぼちゃとさつまいもの皮を半分ほどむく。両方をさっと水にさらす。

ポイント かぼちゃの皮は半分残すと食感、彩りがよい。

1 ゆでる
- 鍋で、かぼちゃとさつまいもを水からゆでる。
- 中火で6〜8分、竹串を刺して通るくらいになるまでゆでる。
- ザルに上げ、しっかりと水気を切る。

2 混ぜ合わせる
- 熱いうちにボウルに移し、フォークなどで⅔ほどつぶす。
- レーズン、Aを加えて混ぜ合わせ、味を調える。

ごまが余分な水分を吸ってしっとりした食感に
ほうれん草のごま和え

材料(2人分)

ほうれん草……… 小1わ(約150g)

A
- 白すりごま………… 大さじ1
- しょうゆ…………… 小さじ⅔
- 砂糖………………… 小さじ1

1 ゆでる	・ほうれん草は、水で根元までよく洗う。鍋にたっぷりの湯を沸かし、根元、葉の順に菜箸で沈めるようにして入れる。 ・**中火で1分～1分半ゆでたら、冷水に取り、水気を軽く絞る。**	
2 切る・和える	・ほうれん草の根元を少し切り落とし、4cm長さに切る。 ・ボウルに**1**と**A**を入れて和える。	

18cm
鍋

すりごま&しょうゆで、こんなにおいしい!
ほうれん草の白和え

材料(2人分)

豆腐(絹ごし)…………… 150g
ほうれん草……… 小1わ(約150g)
にんじん…… ⅙本(30g)(千切りにする)
油揚げ…………………… ½枚
(長さ2cmの千切りにする)

A
- 白すりごま………… 大さじ1
- しょうゆ……… 小さじ2弱
- 砂糖………………… 小さじ1
- しょうがのしぼり汁 小さじ⅓
- 削り節……………… 適量

1 ゆでる	・ほうれん草は、水で根元までよく洗う。鍋にたっぷりの湯を沸かし、根元、葉の順に菜箸で沈めるようにして入れる。 ・**中火で1分～1分半ゆでたら冷水に取り、水気を軽く絞り、4cm長さに切る。** ・にんじんと油揚げは、それぞれ**中火で1～2分ゆでて水気**を切る。油揚げはよく絞る。	**ポイント** ほうれん草と同じ湯で、時間差でゆでてOK。
2 混ぜて和える	・絹ごし豆腐をペーパータオルに包んでしっかりと絞り、ボウルに移してから**A**を混ぜる。 ・ゴムベラでこすりつけるようにして、なめらかになるまで混ぜる。 ・**2**に**1**を加えて和える。	**ポイント** 豆腐はあらかじめ水切り(123ページ参照)しておいてもOK。

18cm
鍋

合わせ酢＋だし汁で、マイルドな味わいに
ワカメときゅうりの酢の物

材料(2人分)
- ワカメ（塩蔵）……15g
- きゅうり……1本
- 塩……小さじ1/3

A
- 酢……大さじ2
- しょうゆ……小さじ1
- 砂糖……小さじ2
- だし汁……大さじ1

- しょうがの千切り……1/2かけ分

下準備
- きゅうりは、2mm厚さの輪切りにする。
- ワカメは塩をよく洗い流し、たっぷりの水に**5分**漬けて戻す。水気を絞り、3cm幅に切る。

1 塩でもむ
- きゅうりは塩でもんで**5分**おき、ペーパータオルに包んで水気を軽く絞る。

2 和える
- ワカメときゅうりをボウルに入れ、**A**で和える。
- 器に盛り付け、しょうがをのせる。

小松菜も油揚げも下ゆでの必要なし！
小松菜と油揚げの煮びたし

材料(2人分)
- 小松菜……小1わ(150g)
- 油揚げ……1/2枚
- 削り節……適量

A
- だし汁……1カップ
- しょうゆ……大さじ1/2
- 塩……小さじ1/3
- みりん……大さじ1/2

下準備
- 小松菜は水で洗って長さ4cmに切る。
- 油揚げは幅を半分にし、湯で洗って軽く絞り、5～8mm幅に切る。

1 煮る
- 鍋に**A**を**中火**で煮立て、油揚げとともに小松菜の根元の部分のみ入れる。
- 小松菜の根元が少し柔らかくなるまで**2分**、そのまま煮る。
- 小松菜の葉も加えて**1分～1分半**、しんなりするまで煮る。
- 器に盛り付け、削り節をかける。

Use item 18cm 鍋

オクラとめかぶの梅しょうゆ和え

梅しょうゆ味のさっぱり感がたまらない！

材料(2人分)
- オクラ……6本
- めかぶ……60g（湯通しタイプ、味付けしてないもの）
- A
  - しょうゆ……小さじ2/3
  - 練り梅……小さじ1/2
  - 酢……小さじ2/3
  - 砂糖……小さじ2/3
- 削り節……適量

下準備
- オクラは手でこするようにして、よく洗う。とげが強いオクラは、塩（少々・分量外）をまぶして、まな板で転がし板ずりする。

1 切る
- 鍋に湯を沸かし、オクラを中火で1分半ゆでて冷水に取り、水気を切る。
- ガクを取り、8mm幅の小口切りにする。

ポイント オクラの種が「パチッ」とはじけるような音がしたら、ゆで上がり。

2 和える
- 1とめかぶをボウルに入れ、Aで和える。
- 器に盛り付け、削り節をのせる。

白菜の塩昆布ごま油風味和え

塩昆布とごま油で、コクをプラス！

材料(2人分)
- 白菜……1/6～1/8個
- 塩……少々
- 塩昆布……6～8g
- A
  - 白ごま……小さじ1
  - しょうがすりおろし……小さじ1/2
  - ごま油……大さじ1/2

1 切る
- 白菜は2～3cm角のざく切りにする。白菜の芯の部分は食べやすいよう、細かく切る。

ポイント 白菜は葉の部分を多めに入れると、味がなじみやすい。

2 加熱する
- 白菜を耐熱ボウルに入れて、塩（少々）でもむ。
- ラップをしないで、電子レンジで40秒～1分加熱する。
- 水分が出たら、やけどをしないように絞る。

ポイント 電子レンジで加熱すると、塩が少なくてもしっかりと水分が出て食べやすい食感に。

3 和える
- ボウルに2と塩昆布を入れて、Aで和える。

part 5

リピートしたくなること間違いなし！

ご飯物・丼物
rice menu

みんなが大好きな主食のアレンジレシピを集めました。手軽に作れてボリューム満点！ とってもおいしいので、リピートしたくなること間違いなしです。

💬 もち米は吸水させず すぐに炊くと べたつきません

赤飯

Use Item! 18cm鍋　Use Item! 炊飯器

材料（2〜3人分）

小豆（またはささげ）
（※ささげのほうが割れにくい）
……………………… 80g

※小豆は1回分だと少量すぎてゆでにくいので、2回分の分量を記載しています。

もち米 …………………… 2合
塩 ………………………… 少々
ごま塩 …………………… 適量

1 小豆をゆでる

- 小豆は洗って鍋に入れる。水（3カップ・分量外）を加えて**中火**にかけて沸騰させ、**ふたをしないで**5〜7分煮てザルに上げ、煮汁は捨てる。

ポイント 小豆はアクと渋みがあるので、一度ゆでこぼす。

- 鍋に小豆を戻し、水（3カップ・分量外）を入れて**中火**にかけて再び沸騰させ、**ふたをしないで**10〜15分煮る。途中で水（1カップ・分量外）を差し水する。

2 煮汁と小豆を分ける

- 小豆が少し硬めの状態で火を止め、すぐにザルとボウルで煮汁と小豆に分ける（小豆と煮汁は2回分なので、それぞれ半量ずつに分けておく）。

3 もち米を洗う

- もち米を洗い、**吸水させずに**2の煮汁の半量を入れる。
- 炊飯器の目盛りより2mmほど少なくなるよう水を足す。
- 塩を混ぜる。上に小豆の半量をのせる。残りの小豆と煮汁は別々に冷凍保存しておくとよい。

4 炊く

- すぐに炊飯器で炊く。あれば、早炊きモードを使うとよい。
- 炊き上がったらすぐに切るように混ぜる。
- 器に盛り付け、お好みでごま塩を添える。

ポイント 吸水させずにすぐ炊くとベタッとしない。

> 炊飯器で炊くので、水加減もラクチン！

鶏とごぼうの炊き込みご飯

材料（2〜3人分）

- 米 ………………………… 2合
- ◆具
- 鶏もも肉（皮なし）…… 1/3枚（70g）
- にんじん ……………… 1/6本（30g）
  （千切りにする）
- ごぼう ………………… 8cm（25g）
  （皮をこそげささがきにし、水にさらして水気を切る）
- 長ねぎ ……… 5cm（小口切りにする）
- 油揚げ ……………………… 1/3枚
  （1cm長さの細切りにする）
- しょうが … 1かけ（千切りにする）
- A │ だし汁 …………… 1/2カップ
  │ しょうゆ、酒 … 各大さじ2
  │ みりん …………… 大さじ1
- 万能ねぎのみじん切り … 適量

下準備

- 米を洗い、**30分**吸水させる。
- 鶏もも肉は1cm角に切る。

1 具を煮る

- 鍋に具の材料すべてと**A**を入れて**中火**にかける。
- 沸騰したら**弱火**にして、**ふたをしないで10〜12分**、具がしっとりとするまで煮る。
- 具をザルに上げ、ボウルに煮汁を入れて分ける。

2 炊く

- 米を一度ザルに上げ、炊飯器の釜に戻し、煮汁を入れる。**炊飯器の目盛りより1〜2mm少なめになるよう水を加えて、軽く混ぜる。**
- **ポイント** お好みでごま油（小さじ1/2・分量外）を入れるとコクのある味に。
- **1**の具をのせて炊飯器で炊く。
- 炊き上がったら**すぐに切るように混ぜる**。器に盛り付け、みじん切りにした万能ねぎを散らす。

「調味料をすべて混ぜてから火にかけるとぽろぽろが均一に」

そぼろご飯

Use Item! 26cm フライパン

材料(2人分)

- ご飯……………丼2杯分(400g)
- 鶏むねひき肉……………200g
- A
  - 酒、しょうゆ…各大さじ2
  - 砂糖…………大さじ1・1/3
  - しょうがすりおろし……小さじ1/2
- 卵………………………3個
- B
  - 砂糖、酒………各大さじ1
  - 塩…………………少々
- サラダ油…………小さじ1/2
- 水菜などの葉物…………適量

下準備

- フライパンにひき肉、Aを入れて火をつける前によく混ぜる。

1 鶏肉を炒り混ぜる

- 中火にかけ、菜箸で手早く混ぜる。
- 火が通り、ぽろぽろとしてくるまで中火で4〜5分、手早く炒り混ぜる。
- 汁気がなくなったら、火から下ろしボウルなどに移す。フライパンを一度洗って、きれいにする。

2 卵を炒り混ぜる

- 卵をボウルに割り入れ、Bを加えて菜箸で混ぜる。
- フライパンにサラダ油を中火で熱する。卵液を流し入れ、ぽろぽろになるまで中火で3〜4分、手早く菜箸で炒り混ぜる。

3 盛り付ける

- 器にご飯を盛り付け、1、2をのせる。
- 飾りに水菜の葉などを添える。

ポイント 鶏そぼろは保存用袋に入れて冷凍保存できる。

> 濃いめに調味し、ふたをしないで煮るのがコツ！

牛丼

Use Item! 18cm 鍋

材料（2人分）

- ご飯 ………… 丼2杯分（400g）
- 牛切り落とし肉 ………… 200g
  （薄切りで柔らかいものがよい）
- 玉ねぎ …………………… ½個
  （8mm幅の薄切りにする）
- しょうが …… 1かけ（千切りにする）

A
- だし汁 ………… 1カップ
- しょうゆ …… 大さじ2・½
- 砂糖 …………… 大さじ1
- みりん、酒 …… 各大さじ2

- 七味唐辛子 …………… 適量

下準備
- 牛肉は2〜3cm幅に切る。

煮る
- 鍋に玉ねぎ、しょうが、**A**を入れて**強めの中火**で沸騰させる。
- **中火**にして牛肉を加え、菜箸でほぐす。

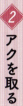**アクを取る**

- 再度沸騰させる。アクが出てきたら取る。

ポイント 牛肉のアクを取ることで、さっぱりとした味わいになる。

煮詰める

- 火を少し弱め、**強めの弱火**にする。静かに沸騰している状態で、**ふたをせず**数回混ぜながら、**15分**煮る。

ポイント ふたをせず、濃いめの調味料で煮ると、具材にしっかり味がしみ込む。

盛り付ける
- 器にご飯を盛り付け、**3**をのせる。
- 汁をかけ、七味唐辛子をふる。

> 半熟とろとろの親子丼がフライパン一つで簡単に作れます

親子丼

材料（2人分）

ご飯	丼2杯分 (400g)
鶏もも肉（皮なし）	1/3枚（約80g）
玉ねぎ	1/3個 (70g)
（薄切りにしてバラバラにしておく）	
三つ葉	2〜3本
（2cm長さに切る）	
卵	2個

混ぜ合わせておく

A
だし汁	1/2カップ
しょうゆ	大さじ1・1/2
みりん	大さじ1
酒	大さじ1
砂糖	大さじ2/3

紅しょうが、大根の桜漬けなど……適宜

Use 9tem! 20cm 小さいフライパン

下準備

- 鶏肉は小さめの一口大に切る。
- ボウルに卵を割り入れ、**泡立てないよう**菜箸をボウルの底につけて切るように混ぜる。

1 煮る

- 小さめのフライパンにA、玉ねぎ、鶏肉を入れて**中火**で沸騰させる。
- 沸騰後、**強めの弱火にして3〜4分**、玉ねぎと鶏肉に火が通るまで煮る。このとき、**ふたはしないでアルコールをとばす。**

ポイント 静かに沸騰している状態で火を通す。火が強すぎると汁が蒸発しすぎてしまうので注意。

2 卵を回し入れる

- 1に、溶いた卵を静かに回し入れる。**中火で1分**そのまま煮る。
- **ふたをして弱火にし30秒〜1分加熱してから、火を消して余熱を通す。**
- 三つ葉を散らす。

3 盛り付ける

- 器にご飯を盛り付け、**2**を半量ずつのせる。
- 紅しょうが、大根の桜漬けなどをお好みで添える。

「3色ナムルは一度にまとめて作れます！」

3色ナムルのビビンバ丼

Use item! 18cm 鍋 / Use item! 26cm 深いフライパン

材料(2人分)

ご飯 ……………… 丼2杯分 (400g)	ごま油 …………… 小さじ1
◆ナムル	コチジャン、酒
ほうれん草 ………… ½わ (80g)	……………… 各大さじ⅔
豆もやし …… ½パック弱 (80g)	B 砂糖、しょうゆ
にんじん …………… ⅓本 (60g)	……………… 各小さじ⅓
(細めの千切りにする)	しょうがすりおろし
混ぜ合わせておく	………………… 小さじ⅓
A ごま油 …………… 小さじ1	◆半熟卵
鶏がらスープの素	卵 ………………………… 1個
………………… 小さじ½	◆トッピング
塩、こしょう …… 各少々	コチジャン … 適量 (大さじ1〜2)
白すりごま …… 大さじ½	白菜キムチ ………… 50〜60g
◆牛そぼろ	
牛ひき肉 ………………… 150g	

1 半熟卵を作る

- 鍋に水と常温に戻した卵（1個）を入れ、中火で一度沸騰させたら、**弱火**にして**6分**ゆでて、冷水に取り皮をむく（詳細は189ページ参照）。

ポイント 卵は、常温に戻してからゆでる。

2 野菜をゆでる

- 深めのフライパンか鍋に湯をたっぷり沸かし、豆もやし**5分**、ほうれん草**1〜2分**、にんじん**5秒**ほど、**中火**で時間差でゆでる。
- それぞれ水気をよく切る。ほうれん草は冷水に取って絞る。根元を少し切り落とし、長さ3cmに切る。
- ボウルに入れ、**A**で和えて味を調える。

ポイント にんじんは生のままでもよいが、さっと湯に通すとしっとりとなじみやすくなる。

3 炒める

- きれいにした深めのフライパンにひき肉、**B**を入れて、**中火**にかける。
- ひき肉に火が通るまで**4〜5分**炒める。

4 盛り付ける

- 器にご飯を盛り付け、**2**のナムル、**3**の牛そぼろ、キムチ、**1**の半熟卵をのせ、コチジャンを添える。

> 合いびき肉の脂をしっかりふき取るのがコツ！

タコライス

Use Item! 26cm 深いフライパン

材料（2人分）

- ご飯……………丼2杯分（400g）
- 牛豚合いびき肉…………180g
- 玉ねぎ………¼個（みじん切りにする）
- オールスパイス（あれば）、こしょう……………各少々
- A
  - ケチャップ……………大さじ2・½
  - ウスターソース……………大さじ½
  - しょうゆ……………小さじ½
  - 赤ワイン（または酒）……………大さじ2
- チーズ（サラダ用）………大さじ3
- レタス、トマト、アボカド（レタスはざく切り、トマトとアボカドは角切りにする）..適量
- ケチャップ……………適量
- マヨネーズ……………適宜

1 ひき肉を炒める

- 深めのフライパンを**中火**にかけ、ひき肉を炒める。脂が出てきたら玉ねぎ、オールスパイス、こしょうも加えて炒める。
- ひき肉の色が変わって、玉ねぎがしっとりとしてくるまで**中火**で**4〜5分**炒める。

2 余分な脂をふき取る

- 炒めたときに出てきた脂は、ペーパータオルでしっかりと吸い取る。

ポイント 脂をしっかりふき取ると、くどくならず、味もしっかりなじむ。

3 味付けする

- **2**に**A**を加え、**中火**でさらに**2〜4分**よく炒める。

4 盛り付ける

- 器にご飯を盛り付け、レタス、**3**、チーズ（サラダ用）をのせる。お好みでアボカド、トマトをトッピングする。
- 最後にケチャップ（お好みでマヨネーズ）をかける。

part 6

心も体もほっと喜ぶ

汁物・スープ
soup

一口飲めばほっとする汁物レシピ、心も体もポカポカに温まるスープレシピの数々を紹介します。シーンに合わせてセレクトしてみて。

> シンプルな具材で基本をしっかり！

ワカメと豆腐のみそ汁

18cm 鍋

材料（2人分）

◆ 具
- ワカメ（塩蔵）……………… 15g
- 豆腐（絹ごし）………… 60g（⅙丁）
  （1cmのさいの目切りにする）
- 長ねぎ………………………… 4cm
  （3mm幅の小口切りにする）

- だし汁 ………… 1・¾カップ
- みそ …………… 大さじ1・⅓

下準備
- ワカメは塩をよく洗い流し、たっぷりの水に **5分**漬けて戻す。
- 水気を軽く絞って2cm幅に切る。

1 煮る

中 → 弱

- 鍋にだし汁を入れ、**中火**で沸騰させてから**弱火**にする。具をすべて加えて、**2〜3分**煮る。

2 みそを入れる

- 小さめのボウルにみそを入れ、**煮汁で軽く溶かしてから1に加える。**
- **30秒〜1分**弱火で煮て、みそをよく溶かして火を止める。

ポイント あらかじめ軽くみそを溶いてから入れると豆腐などが崩れるのを防げる。みそを入れた後は香りがとんでしまうので、ぐつぐつ煮ない。

「卵は水溶き片栗粉でとろみをつけた後に加えると美しく散ります」

かき玉汁

Use Item!
18cm 鍋

材料（2人分）

だし汁 …………… 2カップ	片栗粉 …………… 小さじ½
A｜塩 ………… 小さじ¼	（大さじ1の水で溶いておく）
｜しょうゆ ……… 小さじ1	しょうが汁 ……… 小さじ½
混ぜ合わせておく	三つ葉、ほうれん草など
B｜卵 ………………… 1個	……………………… 適宜
｜酒 ………… 小さじ1	

1 だし汁を味付けする

- 鍋にだし汁と**A**を入れて**中火**で沸騰させる。

2 とろみをつける

- 水溶き片栗粉を加え、かき混ぜながら**中火**のまま**1〜2分**煮て、**とろみを軽くつける**。
- 白く濁った汁が透明になったらOK。

ポイント ここでとろみをつけておくと、溶き卵を入れたときに、きれいにふんわりと散ります。

3 溶き卵を回し入れる

弱

中

- **弱火**にし、混ぜ合わせておいた**B**を、**穴あきお玉を通しながら回し入れる**。穴あきお玉がない場合は、卵を細く回し入れる。
- かき混ぜずに**中火**にして一度沸騰させ、**ふわっと卵が固まって浮いてきたら軽く混ぜて火を止める**。最後にしょうが汁を加える。お好みで三つ葉、ほうれん草などを添える。

ポイント 卵が固まる前に混ぜてしまうと、卵が散りすぎて汁が濁ってしまうので注意する。

〈汁物・スープ〉ワカメと豆腐のみそ汁／かき玉汁

part 6

> 具の旨味が
> たっぷり出るので
> 調味料はごく少量で
> OK！

アサリの潮汁
（うしお）

Use Item!
18cm 鍋

材料（2人分）

アサリ ……………… 200g
水 ………… 1・2/3カップ
昆布 …………… 1枚（10×10cm）
酒 ………………… 大さじ1
しょうゆ …………… 小さじ1/3
塩 ………………………… 少々
長ねぎ ………………… 適量
（2mm幅の小口切りにする）

下準備

- アサリは砂抜き（63ページ参照）をして、**殻と殻をこすり合わせるように洗う。**

1 だしを取る

弱

- 昆布は表面をさっとふいて水と一緒に鍋に入れる。
- **弱火で沸騰直前まで加熱して、昆布を引き上げる。**

2 アサリを入れる

中 → 弱め中

- **1**に酒を入れて**中火**で一度沸騰させ、アサリを加える。
- 再び沸騰したら、**火を少し弱め、弱めの中火にする。アクが浮いてきたら、手早く取る。**
- **アサリの口が開いてから2分煮る。**

3 味を調える

- 火を完全に通し、しょうゆを加える。味をみて塩味が薄ければ、塩を足す。
- 火を止める直前に長ねぎを加える。

ポイント アサリはしっかりと加熱する。アサリから塩分が出るので、味をみてから塩で調える。

「ショートタイプの春雨なら戻す手間なし！」

春雨のスープ

18cm 鍋

材料（2人分）

春雨（乾燥・ショートタイプ）‥ 15g
白菜 ‥‥‥‥‥‥‥‥‥‥ ½枚
　（8mm幅に切る）
長ねぎ ‥‥‥‥‥‥‥‥‥ 5cm
　（2mmの小口切りにする）
ハム ‥‥‥‥‥‥‥‥‥‥ 2枚
　（半分にして千切りにする）
卵 ‥‥‥‥‥‥‥‥‥‥‥ 1個
A ┃ 水 ‥‥‥‥‥‥‥‥ 2カップ
　┃ 鶏がらスープの素 ‥‥‥ 大さじ1
　┃ 酒 ‥‥‥‥‥‥‥‥ 大さじ½

片栗粉 ‥‥‥‥‥‥‥‥ 小さじ1
　（大さじ1の水で溶いておく）
B ┃ しょうゆ ‥‥‥‥‥‥ 小さじ1
　┃ ごま油 ‥‥‥‥‥‥‥ 小さじ½
　┃ しょうがすりおろし
　┃ ‥‥‥‥‥‥‥‥‥ 小さじ½
　┃ 塩、こしょう ‥‥‥‥ 各少々

1　スープを作る
- 鍋にA、白菜、長ねぎを加えて**中火**で沸騰させる。

2　具を入れる
- ハムと春雨（乾燥のまま）を加えて**中火で2〜3分**煮る。
- **弱火にして、水溶き片栗粉を加えて混ぜ、とろみをつける。**

ポイント ショートタイプの春雨がないときは、キッチンばさみで切るか、軽く湯で戻して切ってから入れる。

3　溶き卵を回し入れる

- 卵をボウルに割り入れ、菜箸で混ぜる。溶き卵を回し入れ、**強めの弱火で40秒**煮る。
- 卵がふんわりと浮かび上がってきたら、お玉で軽く混ぜ、火を止める。

ポイント 溶き卵を加えてすぐに混ぜると、スープが濁ってしまうので、固まるまでしばらく待つ。

4　味を調える
- Bを加えて味を調える。

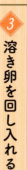

part 6
〈汁物・スープ〉アサリの潮汁／春雨のスープ

しょうがとみりんを入れると風味が一気に豊かに

豚汁

材料(2人分)

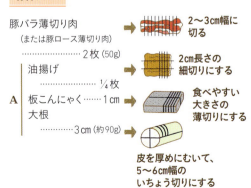

豚バラ薄切り肉
(または豚ロース薄切り肉)
……… 2枚 (50g) → 2〜3cm幅に切る

A
油揚げ ……… 1/4枚 → 2cm長さの細切りにする
板こんにゃく …… 1cm → 食べやすい大きさの薄切りにする
大根 ……… 3cm (約90g) → 皮を厚めにむいて、5〜6cm幅のいちょう切りにする

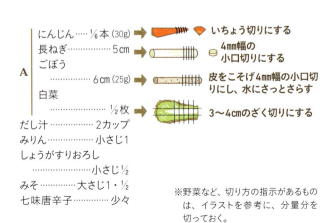

A
にんじん …… 1/6本 (30g) → いちょう切りにする
長ねぎ ……… 5cm → 4mm幅の小口切りにする
ごぼう ……… 6cm (25g) → 皮をこそげ4mm幅の小口切りにし、水にさっとさらす
白菜 ……… 1/2枚 → 3〜4cmのざく切りにする

だし汁 ……… 2カップ
みりん ……… 小さじ1
しょうがすりおろし ……… 小さじ1/2
みそ ……… 大さじ1・1/2
七味唐辛子 ……… 少々

※野菜など、切り方の指示があるものは、イラストを参考に、分量分を切っておく。

part 6

〈汁物・スープ〉豚汁

Let's cooking!

1 野菜を煮る

- 鍋にだし汁、みりんを入れる。
- **A**を加えて**中火**で煮立てる。

ポイント
みりんを少量加えることで、味にコクが出る。

2 豚肉を加えて煮る

- 豚肉を加えて、アクが出てきたら、取る。
- アクを取り終わったら弱火にしてふたをし、野菜が柔らかくなるまで15分煮る。

3 みそを入れる

- 小さめのボウルにみそを入れ、煮汁で溶かしてから**2**に加え、しょうがのすりおろしも加える。

ポイント
いもなど煮くずれしやすい具を入れる場合は、みそはあらかじめ煮汁の一部で溶いてから加えるとおいしくなる。

- そのまま弱火で30秒～1分ほど温めるように煮る。
- 器に盛り付け、お好みで七味唐辛子を添える。

---

one point advice

豚汁の具について

豚汁の具には、油揚げやごぼうを入れると風味が格段によくなります。ごぼうは食物繊維が豊富。油揚げは栄養満点でバランスもアップ。このほか、キャベツ、いも類などお好みの具を入れてもおいしいです。

野菜を
じっくり炒めると
しっとりおいしい
仕上がりに

ミネストローネ

材料(2人分)

A
- 玉ねぎ……1/4個 → 8mm〜1cm角に切る
- にんじん……1/6本(30g) → 8mm角に切る
- キャベツ……1/2枚 → 8mm〜1cm角に切る
- セロリ……1/6本 → 8mm角に切る
- じゃがいも……1/2個 → 皮をむいて1.5cm角に切って水にさらす
- ベーコン……1枚 → 8mm〜1cm角に切る

- マカロニ……5g
- オリーブ油……大さじ1/2

B
- カットトマト(缶詰)……3/4カップ
- 水……2カップ
- 固形コンソメ……1個

- 塩、こしょう……各少々
- 砂糖……小さじ1/2

◆**トッピング**
- 粉チーズ……適量
- パセリ……適宜
  (みじん切りにする)

※野菜など、切り方の指示があるものは、イラストを参考に、分量分を切っておく。

Let's cooking!

1 炒める	 中➡強め弱	・鍋にオリーブ油を**中火**で熱し、**A**を加える。**強めの弱火にして5分**炒める。
2 煮る	 中➡弱	・**1**に**B**を加えて**中火**にし、一度沸騰させる。沸騰したら**弱火にし、ふたをして15〜20分**煮る。**途中で水分が少ないようであれば水を少し足して調整する。**
3 マカロニを加える	 弱	・マカロニはそのまま加え、柔らかくなるまで煮る。	**ポイント** スープに加えるマカロニは、小さいものがよい。
4 味を調える	 弱	・マカロニが煮えたら塩、こしょう、砂糖を加え、味を調える。 ・器に盛り付け、粉チーズ、パセリを散らす。	**ポイント** トマトの水煮と野菜の酸味があるので、砂糖を加えるとマイルドな味になる。

part 6 〈汁物・スープ〉ミネストローネ

Q 多種類あるトマト製品の違いを教えてください。

A 【トマト製品の特徴を覚えましょう】
● **トマトピューレ**：つぶしたトマトを裏ごしして、果皮や種子を取り除いたもの。トマト料理のベースとして幅広く使えます。
● **トマトの水煮缶**：トマトの湯むきをトマトジュースに漬けて缶詰にしたもの。ホール（丸ごと）とカットタイプがあります。
● **トマトソース**：トマトと炒めた玉ねぎ、にんにくをじっくり煮込んだもので、味付けされているので手軽に利用できます。

> かぼちゃの甘みが
> クセになる。
> 冷製にしてもOK！

1 炒める	・鍋にバター、**A**を入れて<mark>弱火にかけ、ふたをする。</mark> ・焦がさないようにときどきふたをあけ、ヘラでかき混ぜながら<mark>5分</mark>炒める。
2 煮る	・野菜がしんなりしたら、水とコンソメを加える。 ・<mark>中火で一度煮立てたら、ふたをして弱火にする。</mark>6〜8分、ヘラで野菜が簡単にくずれるくらい柔らかくなるまで煮る。
3 ピューレ状にし、味を調える	・火を止めて、フードプロセッサーでピューレ状にする。 ・牛乳、生クリームを少しずつ加えてのばす。 ・塩、こしょうで味を調え、<mark>沸騰させないように弱火で温める。</mark>

ポイント 生クリームと牛乳でのばす前のペーストの状態で冷蔵庫で保存し、食べるときにのばしてもOK。

かぼちゃのポタージュ

Use Item! 18cm 鍋

材料(2人分)

A	かぼちゃ …… ¼個（皮を除いて200g） （2cm角に切って皮をむく） 玉ねぎ ………… ⅙個 (30g) （薄切りにする）

バター ……………………… 15g
固形コンソメ ……………… ⅙個
水 ……………………… ½カップ
牛乳 …………………… ½カップ
生クリーム
　……… 50〜70ml (¼〜⅓カップ)
塩、こしょう …………… 各少々

one point advice

牛乳や生クリームを加えるときの火加減のコツ

牛乳や生クリームを使うスープは、入れた後に沸騰させると分離したり膜ができたりしてしまうので、食べる直前に弱火で混ぜながら温めます。

弱火でじっくり炒めるとおいしさが引き立ちます

カリフラワーのスープ

材料(2人分)

A
- カリフラワー……150g （½～⅓個）（ザク切りにする）
- 玉ねぎ……⅙個 (40g) （薄切りにする）
- じゃがいも……⅙個 (30g) （薄切りにする）

- バター……15g
- 固形コンソメ……¼個
- 水……150～200㎖
- 牛乳……½カップ
- 生クリーム……¼カップ
- 塩、こしょう……各少々
- ブラックペッパー……適量

1 炒める
- 鍋にバター、**A**を入れて弱火にかけ、ふたをする。
- 焦がさないようときどきヘラで混ぜながら5分炒める。

2 煮る
- 水とコンソメを加え、ふたをして弱火で8～10分煮る。途中で水が少ないようであれば、少し水を足す。

3 ピューレ状にし、味を調える
- フードプロセッサーでピューレ状にする。
- 牛乳、生クリームを少しずつ加えてのばす。
- 塩、こしょうで味を調え、沸騰させないように弱火で温める。
- お好みでブラックペッパーをふる。

18cm鍋

市販のコーンクリーム缶を使ってお手軽に作れます

コーンポタージュ

材料(2人分)
- コーンクリーム(缶詰)……160g
- 玉ねぎ……¼～⅙個(薄切りにする)
- バター……15g
- 水……½カップ
- 牛乳……70㎖
- 生クリーム……½カップ
- 塩、こしょう……各少々
- クルトン……適量

1 炒める
- 鍋にバターを熱し、玉ねぎを焦がさないように弱火で4～5分炒めて甘みを出す。
- コーンクリームを加え、1分炒めるように混ぜる。

2 煮る
- 水を加えて、ふたをしときどきヘラでかき混ぜながら弱火で5分煮る。

3 ピューレ状にし、味を調える
- 火を止めて、フードプロセッサーでピューレ状にする。
- 牛乳、生クリームを少しずつ加えてのばす。
- 塩、こしょうで味を調え、沸騰させないように弱火で温める。お好みで固形コンソメ少々（⅙～¼個）を加えてもおいしい。
- 器に盛り付け、クルトンをのせる。

18cm鍋

column

「お弁当」にも使える冷凍保存テク

**本書で作った料理を「お弁当」にも活用できます。
冷凍保存をしておけば、日持ちするのでとっても便利。自然解凍できるものは、そのままお弁当に詰めてOK！**

ご飯類

赤飯(P.152)、炊き込みご飯(P.153)は、温かいうちに均一に冷めるよう平らに成形するかおにぎりを作り、1食分ずつラップで包みます。冷凍保存袋で密閉して冷凍すれば、解凍してもしっとり食感のままです。

- 冷凍保存期間 ： 2週間
- 解凍加熱方法 ： 電子レンジ解凍

パン類

パンケーキや具材によってはサンドイッチも、1つずつラップに包み、冷凍保存袋に入れて密閉すれば、冷凍保存できます。

パンケーキ（P.173）
- 冷凍保存期間 ： 2週間
- 解凍加熱方法 ： 電子レンジ解凍・自然解凍

サンドイッチ（P.175〜177）
- 冷凍保存期間 ： 2〜3日
- 解凍加熱方法 ： 自然解凍

主菜

ハンバーグ(P.34)は、調理済みのものを1個ずつラップに包み、冷凍保存袋に入れて冷凍できます。鶏の唐揚げ(P.102)は、調理済みのものを金属バットの上に並べてラップをかけて冷凍し、凍ったら冷凍保存袋に移して冷凍保存できます。

- 冷凍保存期間 ： 2週間
- 解凍加熱方法 ： 電子レンジ解凍・自然解凍

エビマカロニグラタン(P.66)は、焼く前のものをアルミカップに盛って、金属バットに並べてラップをして冷凍し、凍ったら冷凍保存袋に移して冷凍保存します。

- 冷凍保存期間 ： 2週間
- 解凍加熱方法 ： 自然解凍後、オーブントースターで焼く

副菜

以下の副菜は、カップに小分けにして金属バットの上に並べ、ラップをかけて冷凍します。凍ったら冷凍保存袋に移して冷凍保存できます。

〈 冷凍保存可能な副菜 〉
きんぴらごぼう(P.92)、ひじきの煮物(P.94)、切り干し大根の煮物(P.96)、ほうれん草のごま和え(P.148)、ほうれん草の白和え(P.148)

- 冷凍保存期間 ： 1〜2週間
- 解凍加熱方法 ： 自然解凍

part 7

忙しい朝でもしっかり食べよう！

モーニングメニュー
breakfast

「1日のはじまりは、おいしい朝ご飯から！」という人も多いはず。ここでは、洋食・和食のセットメニューをはじめバリエーション豊かなおかずを紹介します。

part 7 〈モーニングメニュー〉洋食セット

Breakfast
洋食セット

menu
◆ パンケーキ　◆ スクランブルエッグ
◆ ブロッコリーのポタージュ

パンケーキ

Use Item!
26cm フライパン

材料(2人分／1人2枚)

- ホットケーキミックス ……………… 200g
- 卵 …………………… 1個
- 牛乳 ………………… ⅔カップ
- サラダ油 …………… ごく少量
- バター ……………… 適量
- メープルシロップ ………… 適量（大さじ2〜3）

1 生地を作る		・卵と牛乳をボウルに入れて泡立て器で混ぜる。 ・ホットケーキミックスを加えて、混ぜすぎないようにさっと混ぜる。粉が消えればOK。	**ポイント** 必ず、液体に粉を入れる順番で。粉は混ぜすぎないほうが、ふっくらサックリとした食感になる。
2 表面を焼く		・フライパンにサラダ油をペーパータオルで薄く塗る。一度中火で熱し、弱火にする。 ・1の¼量を高めの位置から落とし、ふたをする。 ・3分焼いて表面にぷつぷつと穴があき、裏面を少し見て焼き色が付いていればヘラで裏返す。	**ポイント** フライパンを一度中火で温め、あとは弱火で焼く。最初に温度が高すぎると焦げてしまう。
3 裏面を焼く		・ふたをして2〜3分焼き、少しふくらんできれいな焼き色がついていれば、できあがり。 ・同様に残り3枚も焼く。 ・器に盛り付け、バターをのせてメープルシロップをかける。	**ポイント** 続けて焼く場合は、フライパンが熱くなりすぎていることがあるので、火を止めて1分ほどおいてから火をつけ、弱火で焼き始めるとよい。

続きは次のページ

Breakfast 洋食セット

スクランブルエッグ

26cm フライパン

材料(2人分)

卵 …………………3個	ケチャップ………適量
牛乳 …………大さじ2	◆付け合わせ
塩、こしょう……各少々	ベビーリーフ……適量
バター …………………10g	(水で洗って水気を切る)

1 混ぜる
- ボウルに卵を割り入れ、牛乳、塩、こしょうを加えて泡立てないよう菜箸をボウルの底につけて切るように混ぜる。

2 フライパンに卵液を流し入れて混ぜる

- フライパンにバターを中火で熱する。
- フライパンが温まって、箸の先を入れると「ジュッ」と音がするようになったら、一気に卵液を流し入れ、ヘラで円を描くように手早く混ぜる。
- 半熟になったら器に盛り付け、付け合わせを添える。

ブロッコリーのポタージュ

18cm 鍋

材料(2人分)

A { ブロッコリー‥½株 (小房に分ける) 玉ねぎ………⅙個 (薄切りにする) }	バター …………………15g
	水 ……………⅔カップ
	固形コンソメ……½個
	生クリーム……¼カップ
じゃがいも………¼個 (皮をむいて薄切りにする)	牛乳 …………⅓カップ
	塩、こしょう……各少々

1 炒める
- 鍋にバター、**A**を入れて弱火にかけ、ふたをする。
- 焦がさないようときどきふたをあけ、ヘラでかき混ぜながら5分炒める。

2 煮る
- **A**がしんなりしたら、水とコンソメ、じゃがいもを加える。
- 中火で一度煮立てたら、ふたをして弱火にする。5〜6分、ヘラで野菜が簡単にくずれるくらい柔らかくなるまで煮る。

ポイント 水が少なすぎるようなら、少し足しながら煮る。

3 ピューレ状にし味を調える
- 火を止めて、フードプロセッサーでピューレ状にする。
- 牛乳、生クリームを少しずつ加えてのばす。
- 塩、こしょうで味を調え、沸騰させないように弱火で温める。

> ピクルスの
> みじん切りを加えると
> 一気に本格的に

part 7

〈モーニングメニュー〉 洋食セット／卵サンド

卵サンド

材料(2人分)

サンドイッチ用食パン……6枚
バター……………………適量

◆卵ペースト
卵 …………………… 3個
A ┃ マヨネーズ …… 大さじ2
　┃ 塩、こしょう …… 各少々
　┃ マスタード …… 小さじ1
　┃ ディルピクルス… 1本(15g)
　　　（みじん切りにする）

Use Item!
18cm 鍋

1 具を作る

- 鍋に水と常温に戻した卵（3個）を入れ、**中火**で一度沸騰させたら、**弱火**にして**9〜12分**ゆでて固ゆでにする（詳細は189ページ参照）。
- 冷水に取って冷まし、殻をむいてフォークでつぶす。Aを混ぜて味を調える。

2 バターを塗る

- パンの内側になる面にバターを薄く塗る。

ポイント バターを塗ることで、パンに水分が入るのを防げる。

3 パンで具をはさむ

- 2に1の卵ペースト⅓量をのせて、上からもう1枚のパンをかぶせる。
- 手で軽く押してなじませ、ラップでぴったりと包む。同様にあと2セット作る。
- 冷蔵庫で20〜30分やすませてから、包丁で半分に切り分ける。

シャキシャキのレタスの食感を楽しんで
ハムチーズ＆レタスサンド

材料(2人分)
- サンドイッチ用食パン……6枚
- バター……適量
- マスタード……大さじ1
- 薄切りハム……9枚
- スライスチーズ……3枚
- レタス……3枚
- マヨネーズ……大さじ1・½

1 レタスを洗う
- レタスは洗ってパンの大きさに合わせてちぎる。
- ペーパータオルではさんで水気を取り、両手で1〜2回たたいて平らにする。

2 バターを塗る
- パンの内側になる面にバター、マスタードを薄く塗る。

ポイント バターを塗ることで、パンに水分が入るのを防げる。

3 パンで具をはさむ
- ハム3枚、マヨネーズ（大さじ½）、レタス1枚、スライスチーズ1枚をのせて、上からもう1枚のパンをかぶせる。
- 手で軽く押してなじませ、ラップでぴったりと包む。同様にあと2セット作る。
- 冷蔵庫で20〜30分やすませてから、包丁で半分に切り分ける。

ポイント ラップで包んで寝かせることで、パンと具がなじんで、切ってもくずれない。包丁が汚れたらそのつどふくと、断面が汚れずにきれいに切れる。

クロワッサンを使うと見た目も豪華に
ツナきゅうりのクロワッサンサンド

材料(2人分)
- クロワッサン……2個
- ツナ（マグロ油漬け缶）……2缶(150g)
- **A** マヨネーズ……大さじ2
- 塩、こしょう……各少々
- きゅうり……1本（斜め薄切りにする）
- トマト……½個（8mm厚さの輪切りにする）
- 塩……少々

1 具を作る

- ツナは軽く油を切り、**A**と混ぜ合わせる。
- トマトは塩をふる。

ポイント ツナの中に、クルミなどを粗く刻んだものを入れてもおいしい。

2 はさむ

- クロワッサンに切り込みを入れて、きゅうり、トマト、ツナの順にはさむ。

> お好みの季節のフルーツをはさんでもおいしい

part 7

〈モーニングメニュー〉ハムチーズ&レタスサンド／ツナきゅうりのクロワッサンサンド／いちごサンド

1 具を作る

- いちごは洗って5〜8mmにスライスして、水気をよくふく。

  ポイント いちごは「紅ほっぺ」など酸味があるものの方がおいしい。

- 生クリームに砂糖、バニラエッセンスを入れて硬めに泡立てる。

2 バターを塗る

- パンの内側になる面にバターを薄く塗る。

  ポイント バターを塗ることで、パンに水分が入るのを防げる。

3 パンで具をはさむ

- *2*のパンを2枚1組にして1枚に*1*の生クリームの¼量をのせ、断面になる場所を中心にいちごを並べる。
- ¼量の生クリームをのせて、上からもう1枚のパンをかぶせる。
- 手で軽く押してなじませ、ラップにぴったりと包む。同様にあと1セット作る。
- 冷蔵庫で20〜30分やすませてから、包丁で¼に切り分ける。

  ポイント バターの代わりに、片面をいちごジャムにしてもおいしい。

いちごサンド

材料(2人分)

サンドイッチ用食パン……4枚
いちご……………150g(1パック)
バター…………………適量
生クリーム……………150㎖
　(乳脂肪45〜47%)
砂糖…………………大さじ2
バニラエッセンス(あれば)
　………………………1滴

one point advice

生クリームとホイップクリームの違い

生クリームは、乳脂肪(動物性)でコクがあり風味が豊かです。ホイップクリームは、植物性脂肪でさっぱりとしてクセがありません。ホイップクリームの方が安価で日持ちしますが、いちごサンドは生クリームを使用したほうがおいしくでき上がります。

> たっぷりの卵液に
> ひたして、弱火で
> じっくり焼きます！

フレンチトースト

Use Item!
26cm フライパン

材料(2人分)

- 食パン(4枚切り) ……… 2枚
- A
  - 卵 …………………… 2個
  - 牛乳 ……………… 2/3カップ
  - 砂糖 …………… 大さじ2
  - バニラエッセンス
    …………………… 1〜2滴
- バター …………………… 8g
- メープルシロップ ……… 適量
- 粉砂糖 …………………… 少々

1 パンを切る

- 食パンを半分に切る。

ポイント 食パンの代わりに、フランスパンなどでもOK。

2 卵液を作り、パンをひたす

- ボウルに**A**を入れてよく混ぜ合わせ、バットに移す。パンを加えて卵液にひたす。
- 両面をひたして、<u>そのまま15〜20分おいてしみ込ませる。</u>（時間がないときは、すぐに焼いてOK）

3 焼く

中 ⇒ 弱

- フライパンにバターを**中火**で熱し、**2**の食パンを並べる。
- <u>弱火にしてふたをし、片面4〜5分ずつ両面をおいしそうな焦げ目が付くまで焼く。</u>

ポイント 途中で焼き色を確かめて、ほどよく焼き色が付いたところで裏返す。

4 盛り付ける

- 器に盛り付け、茶こしなどで粉砂糖をふり、メープルシロップをかける。

ポイント お好みでジャムなどを添えてもよい。

ふわっとした食感は、卵を手早く加熱するのがコツ

トマトとベーコンのオムレツ

Use Item!
20cm
小さいフライパン

材料（2人分）

卵 …………………… 4個	塩、こしょう ……… 各少々
トマト ……………… 1/3個	牛乳 ………………… 大さじ2
（1cm角に切る）	バター ……………… 8g
ベーコンスライス … 1枚	ケチャップ ………… 適量
（1cm幅に切る）	◆付け合わせ
	クレソン …………… 適量
	（食べやすい大きさにちぎる）
	ミックスサラダ …… 適量

〈モーニングメニュー〉 フレンチトースト／トマトとベーコンのオムレツ

1 混ぜる

- ボウルにバターとケチャップ以外の材料をすべて混ぜ合わせる。

ポイント 卵のこしがなくなってしまうので、混ぜすぎないように注意する。

2 フライパンに流し入れる

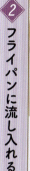

- 小さめのフライパンにバターの半量（4g）を中火で熱する。
- フライパンが温まって、菜箸の先を入れると「ジュッ」と音がするようになったら、1の半量を流し入れる。

3 焼く

- 大きく円を描くように3〜4回混ぜて半熟状になったら、手前に集めて形を木の葉形に整える。
- ヘラで返して表面を中火で30秒〜1分焼く。同様にもう1個を作る。

4 盛り付ける

- 器に盛り付け、ケチャップをかけて付け合わせを添える。

menu

- ◆ 梅じゃこしそおにぎり
- ◆ 雑穀米おにぎり
- ◆ アスパラのごま和え
- ◆ 卵焼き
- ◆ 焼き鮭
- ◆ アオサのみそ汁

梅じゃこしそおにぎり

材料（2人分／1人2個）

- 温かいご飯 …… 茶碗に多め2杯分（350〜400g）
- しらす …………………… 40g
- 小梅漬け（カリカリ梅）… 6粒
- 青じそ …………………… 6枚
- 塩 ………………………… 少々

下準備

- 小梅はまな板にのせ、包丁の背で押してタネを取り出して、粗みじん切りにする。

ポイント
柔らかいタイプの梅は、手で果肉と種を分ける。

- 青じそはくるくるまいて端から切る。さらに細かく切り、粗みじん切りに。
- ペーパータオルに包み、水にさらしてしっかり絞る。

ポイント
水にさらして絞ることでアクが取れ、色がきれいなままになる。

1 にぎる

- ご飯にしらす、小梅、青じそを混ぜて4等分にし、ラップで包んでにぎる。
- お好みで塩（少々）をまぶす。

ポイント
持ち歩くときは、手の雑菌がつかないようラップでにぎったほうが安全。

具にも塩分があるので、塩はお好みでなくてもOK。ふちに、細長く切ったのりを巻いてもおいしい。

雑穀米おにぎり

炊飯器

材料(2人分/1人2個)

米 ……………… 2合	塩 ……………… 少々
雑穀米の素(市販) …… 規定の量	

1 炊く
- 米を洗い、炊飯器で水加減して**30分**吸水させる。雑穀を加えてそのまま炊く。

2 にぎる
- 炊き上がったらすぐに切るように混ぜる。4等分にし、ラップで包んでにぎる。
- お好みで塩(少々)をまぶす。

アスパラのごま和え

18cm 鍋

材料(2人分)

アスパラ ……………… 4本	白すりごま ……… 少々
しょうゆ ……………… 適量	

下処理
- アスパラは根元1/3くらいの皮の部分をピーラーでむく。茶色い三角形の部分(はかま)もピーラーで取る。

1 ゆでる
- 鍋に湯を沸かし、アスパラを入れて**1分半**ゆでて、ザルに上げて冷ます(冷水にさっと漬けて冷ましてもOK)。斜め薄切りにする。

2 味付けする
- アスパラを白すりごま、しょうゆで和える。

ポイント アスパラは、ゆでてマヨネーズとしょうゆを添えてもおいしい。

卵焼き

卵焼き用フライパン

材料(2人分)

	卵 ……………… 3個	サラダ油 …… 小さじ1
	塩 ……………… 少々	
A	砂糖 ………… 大さじ1	
	しょうゆ … 小さじ2/3	
	酒 ………… 大さじ1/2	

1 混ぜる
- ボウルに**A**を入れて、泡立てないよう菜箸をボウルの底につけて切るように混ぜる。

2 焼く
- 卵焼き用フライパンにサラダ油をペーパータオルで塗り、**中火**で熱する。箸の先を入れると「ジュッ」と音がしてすぐに卵液が固まる程度まで、フライパンを温める。
- **1**の2/3量を流し入れる。すぐに菜箸で大きく円を描くように3〜4回混ぜる。半熟になってきたら**弱火**にする。

3 巻く
- 奥から折りたたむように手前に巻いていく。
- 手前の角で形を整える。**弱火で1〜2分**、上下を返して火を通す。

4 残りの卵液を入れて巻く
- 焼いた卵を奥に移動させ、**中火**にしてフライパンにサラダ油(少々・分量外)をペーパータオルで塗ってなじませる。
- 残りの卵液を流し入れる。このとき、奥の卵の下にも流し入れる。**弱火**にして**30秒〜1分**、半熟になるまで加熱する。
- 奥から手前に巻いていき、手前で形を整える。上下返して**弱火**で火を通す。

※詳細は、186ページの「だし巻き卵」の作り方参照

焼き鮭

魚焼きグリル

材料(2人分)

鮭切り身(甘塩)‥2切れ
大根おろし‥大さじ3
すだちなど‥‥‥適量

	下準備	・魚焼きグリルは、機種によっては水を張る。 ・前もって**2〜3分**予熱で温めておき、鮭を半分に切って網にのせる。 **ポイント** 鮭は、焼いてから切ると身がくずれてしまうので注意。
2	焼く	・片面**3〜4分**ずつ両面を、こんがりと軽く色がつくまで焼く。
3	盛り付ける	・器に盛り付け、大根おろし、すだちなどを添える。

アオサのみそ汁

18cm 鍋

材料(2人分)

だし汁‥‥‥1・2/3カップ
みそ‥‥‥大さじ1強
アオサ(乾燥)‥‥‥‥‥‥1〜2g

1	だし汁にみそを入れる	・**中火**でだし汁を沸騰させ、少量のだし汁で溶いたみそを入れる。
2	具を加える	・**1**にアオサを加えて、火を止める。

「マンネリ」になりがちな朝ご飯は…

ご飯に具を混ぜたりおにぎりにしてみたり、パンの種類を変えたりと、ちょっとの工夫や盛り付けで変化をつけられます。前日の残りものを添えて、ワンプレートにするなどの一工夫で雰囲気も様変わり。朝ご飯のお皿は色彩があるカラフルなものを選ぶなど、定番の食器と変えても楽しいですよ。

> ぶり×塩こうじだけで、とびきりのおいしさに

ぶりの塩こうじ焼き

Use Item!
魚焼きグリル

材料(2人分)

ぶり(切り身)……… 2切れ
塩こうじ…………… 大さじ3

◆付け合わせ
春菊……………………適量
　(ザク切りにする)
玉ねぎ…………………適量
　(薄切りにする)
和風ドレッシング………適量

下準備

- ぶりは、ペーパータオルで水気をふき取る。保存用袋に塩こうじと一緒に入れて密封し、冷蔵庫で**30分**ほど寝かせる。

1 焼く

- 魚焼きグリルに水を張り、くっつかないタイプのアルミホイルをのせる。
- ぶりを袋から取り出し、塩こうじをぬぐってアルミホイルにのせる。

弱

- **弱火**で**片面3〜4分**ずつ両面を焼く。焦げやすいので注意する。
- 魚焼きグリルがない場合は、フライパンにサラダ油(小さじ1・分量外)を熱して、ふたをして焼く。

ポイント アルミホイルのところどころに穴をあけると余分な水分や脂が下に落ちる。

2 盛り付ける

- 器に盛り付け、付け合わせを添える。

ポイント お好みで、大根おろしなどを添えてもおいしい。

あと1品、というときのお助けメニュー
トマトとツナの和風具のせ豆腐

材料(2人分)

- 豆腐 …………………………… 1丁
- トマト ………………………… ½個
  （1cm角に切る）
- ツナ（マグロ油漬け缶）
  ………………………… 小1缶(70g)
- しょうがすりおろし ………… 少々
- しょうゆ ……………………… 適量

1 具を作る	・ツナは軽く油を切り、ボウルに入れてトマトと混ぜる。	**ポイント** 青じそやみょうがのみじん切りを加えてもおいしい。
2 盛り付ける	・豆腐を半分に切って器に入れる。 ・**1**を豆腐の上に半量ずつのせる。 ・しょうがのすりおろしを添えて、しょうゆをかける。	**ポイント** 具はほかに、ザーサイときゅうりにごま油、しらすと刻みオクラなどでもおいしい。

ただのせるだけ！ すぐにできちゃう
納豆とアボカドののっけご飯

材料(2人分)

- ご飯 ………… 茶碗2杯分(350g)
- 納豆 …………………………… 2パック
- アボカド ……………………… 小1個
  （種と皮を取り、1〜1.5cm角に切る）
- きゅうり ‥ ⅓本（いちょう切りにする）
- マヨネーズ …………………… 適量
- しょうゆ ……………………… 適量
- 削り節 ………………………… 適量

下準備	・納豆と添付のたれを混ぜる。	**ポイント** 添付のたれがない場合は、しょうゆやめんつゆで代用してOK。
1 盛り付ける	・ご飯の上に、納豆、きゅうり、アボカドをのせる。 ・上からマヨネーズ、削り節をかける。 ・お好みでしょうゆをかける。	**ポイント** アボカドはすぐに食べる場合は、レモン汁をかけて色止めしなくてOK。

> だし多めで、ふわとろ食感アップ！

だし巻き卵

卵焼き用フライパン

材料(2人分)

A
- 卵 …………… 3個
- だし汁 ……… 大さじ3
- 酒 …………… 小さじ1
- 砂糖 ………… 小さじ1
- しょうゆ …… 小さじ½
- 塩 …………… 少々

- サラダ油 …… 小さじ½
- 大根おろし …… 適量

part 7 〈モーニングメニュー〉 だし巻き卵

Let's cooking!

1 混ぜる
- ボウルにAを入れて、泡立てないよう菜箸をボウルの底につけて切るように混ぜる。

2 焼く
- 卵焼き用のフライパンにサラダ油（小さじ½）をペーパータオルで塗り、中火で熱する。
- 箸の先を入れると「ジュッ」と音がしてすぐに卵液が固まる程度まで、フライパンを温める。
- 1の半量を流し入れる。すぐに菜箸で大きく円を描くように3〜4回混ぜる。半熟になってきたら弱火にする。

ポイント
卵料理のコツは、最初にしっかりとフライパンを温めること。

3 巻く
- 巻ける程度まで火が通ってきたら、箸とフライ返しを使って奥から手前に折りたたむように巻いていく。

ポイント
半熟になるまで中火で一気に混ぜるとふんわりと柔らかいだし巻き卵になる。

- 手前の角で形を整える。弱火で1〜2分、上下を返して火を通す。

続きは次のページ →

4 残りの卵液を入れて巻く

- 焼いた卵を奥に移動させ、**中火**にしてフライパンにサラダ油（少々・分量外）をペーパータオルで塗ってなじませる。
- 残りの卵液の1/3量を流し入れる。このとき奥の卵の下にも流し入れる。
- **弱火**にして30秒〜1分、半熟になるまで加熱し、奥から手前に静かに巻いていく。手前で形を整える。
- 同様に残りも2回に分けて流し入れて焼いて巻く。

5 形を整える

- あれば巻きす、なければペーパータオルに包んで形を整え、粗熱を取って切り分ける。

ポイント
多少は形がくずれても、最後に整えればOK。

Arrange menu
しらす入り卵焼き

材料（2人分）

卵 …………… 3個	酒 …………… 大さじ1/2
塩 …………… 少々	サラダ油 …… 小さじ1/2
砂糖 ………… 大さじ1	しらす ……… 20g
しょうゆ …… 小さじ2/3	

〈P.182の卵焼きを参照〉
*1*の混ぜる工程でしらすを加える。

Arrange menu
のり巻き卵焼き

材料（2人分）

卵 …………… 3個	酒 …………… 大さじ1/2
塩 …………… 少々	サラダ油 …… 小さじ1/2
砂糖 ………… 大さじ1	焼きのり …… 1枚
しょうゆ …… 小さじ2/3	（卵焼き用フライパンより、やや小さめのもの）

〈P.182の卵焼きを参照〉
*3*の卵を奥から手前に巻く直前に焼きのりをのせて、一緒に巻く。

> お好みのゆで加減はどれ？

ゆで卵

沸騰後の
ゆで時間の
目安

5〜6分 とろとろの半熟 ／ 7〜8分 半熟 ／ 9〜12分 固ゆで

18cm 鍋

材料(2人分)

卵……………………2個　　塩……………………少々

下準備	・卵は常温に戻しておく。 ・小さめの鍋に、卵と卵がかぶる程度の水を入れる。	**ポイント** 卵は冷たいままゆでると沸騰するまでに温度差で殻にひびが入ったり、ゆでた後に皮がむきにくくなることがある。
2 ゆでる	・中火にかけて沸騰させる。 ・沸騰したら弱火にして、左の表示時間どおりゆでる。	**ポイント** 黄身が真ん中のゆで卵を作りたい場合は、ここでしばらく、ゆっくりとかき混ぜる。
3 殻をむく	・すぐに冷水で冷やし、粗熱が取れたら殻をむく。 ・お好みで料理に入れたり、塩を付けて食べる。	**ポイント** 殻がむきにくいときは水につけながらむくと、むきやすい。

> ハムやベーコンを敷いてもおいしい！

目玉焼き

26cm フライパン

材料(2人分)

卵……………………2個　　塩、こしょう……各少々
サラダ油……………小さじ½　　　（好みでしょうゆなど）
　　　　　　　　　　　　水……………………大さじ2〜3

1 卵を割り入れる	・フライパンにサラダ油をひいて中火で30秒〜1分温める。 ・卵を1個ずつ割り入れる。	**ポイント** 殻が入らないか心配なら、一度小さな容器に卵を割ってからすべらせて入れるとよい。
2 焼く	・水を加えてふたをし、水がなくなり、卵が半熟になってくるまで2〜5分加熱する。 ・黄身に白い薄い膜がかかって、お好みの固さになればできあがり。 ・お好みで塩、こしょうする。	**ポイント** 水はフライパンの空いたところに入れる。

〈モーニングメニュー〉 しらす入り卵焼き／のり巻き卵焼き／ゆで卵／目玉焼き

column

キッチンまわりの衛生について

食べ物を扱うキッチンや食卓まわりの衛生は、常に保っておきたいもの。特に「まな板・包丁」などのよく使う道具は、日ごろから除菌をして清潔を保ちましょう。怠ると食中毒の原因にもなりかねません。

まな板の除菌

一番簡単な方法は、熱湯をかけること。調理中でも食中毒防止のため、生の魚や肉を切った後は洗剤で洗い、熱湯消毒してから次の作業に移ります。その他、キッチン用の漂白剤や食器洗浄機などを利用してもOK。こまめに除菌してまな板を清潔に保ちましょう。

スポンジの除菌

スポンジは、食器用洗剤を使って簡単に除菌ができます。除菌もできるタイプの食器用洗剤を表示どおりに含ませて除菌すると手軽です。

ふきん・台ふきんの除菌

食器用ふきんや台ふきんは、湿ったまま放置していると、あっという間に雑菌が繁殖します。水洗いしただけでは除菌はできないので、台所用漂白剤を使いましょう。

❶ 洗剤で洗ったふきん・台ふきんを一度すすぐ。
❷ 台所用漂白剤の薄め液を作り（1ℓの水に10mℓ）、❶を漬ける（除菌の場合は約2分、漂白の場合は約30分）。
❸ 水でよくすすいで乾燥させる。

※漂白剤は表示をよく読んで使用してください。

お弁当箱・プラスチック容器の除菌

プラスチックは油となじみやすく、表面が傷つきやすいので、油汚れがしみ込んだり汚れが残っていたりすると臭いの原因に。油汚れに強い食器用洗剤で汚れをきちんと落とし、台所用漂白剤を使って消臭・漂白するのがおすすめ。材質によっても異なるので必ず表示を確認しましょう。

❶ 台所用漂白剤の薄め液を作る（1ℓの水に10mℓ）。
❷ 洗ったお弁当箱を❶につける（除菌・消臭の場合は約2分、漂白の場合は約30分）。
❸ 水でよくすすいで乾燥させる。

part 8

みんなにふるまってお料理上手に

イベントメニュー
event menu

人が集まるホームパーティや行楽弁当にもってこいの、華やかなレシピを紹介します。見た目も美しいので、「お料理上手」とほめられちゃう！

menu
- エビとマッシュルームのアヒージョ
- パエリア
- ローストビーフ

エビとマッシュルームのアヒージョ

Use Item!
18cm 鍋

材料（4人分）

- エビ（中）……………… 12尾
- マッシュルーム ……… 8個
  （大きければ半分に切る）
- にんにく………………… 2かけ
  （みじん切りにする）
- オリーブ油……… 1/3〜1/2カップ
- 塩 ……………… 小さじ1/3〜1/2
- パセリのみじん切り
  ……………………… 大さじ1・1/2

下準備
- エビは殻をすべてむき、背に包丁で切り込みを入れて、背ワタを取り除く。ボウルに入れて、塩（小さじ1・分量外）でもんで水で洗い流し、ペーパータオルで水気をふき取る。

  ポイント しっかり水気をふかないと、オリーブ油に入れたときにはねるので注意。

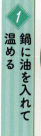

1 鍋に油を入れて温める

- 鍋にオリーブ油、にんにく、塩を入れ、弱火で1〜2分温めてにんにくの香りを出す。

2 マッシュルームを加えて煮る

- 1にマッシュルームを加えて、弱火で3分煮る。

3 エビを加えて煮る

- エビを加えて、弱火のまま2〜3分煮て火を通す。
- パセリを加えてさらに1分煮る。

ポイント オリーブ油に材料が沈むくらいに油の量を調整する。

Event menu
ホームパーティ

パエリア

Use Item!
26cm
深いフライパン

材料（4〜5人分）

- 米 ………………………… 2合
- 鶏もも肉 ………………… 小1枚
- エビ（中）……………… 8尾
- アサリ …………………… 200g
- パプリカ（黄）………… ½個
  （ヘタと種を取り、縦半分に切ってから1cm幅に切る）
- トマト …… ½個（1.5cm角に切る）
- 玉ねぎ …… ¼個（みじん切りする）
- ブラックオリーブ
  （種なしスライス）………… 25g
- にんにく ………………… 1かけ
  （みじん切りにする）
- 塩、こしょう …………… 各少々
- オリーブ油 ……………… 大さじ3
- 白ワイン ………………… ¼カップ
- A
  - 湯 …………… 2・¼カップ
  - 塩 …………… 小さじ⅓
  - 固形コンソメ ………… 1個
  - サフラン ……… ひとつまみ
- パセリのみじん切り
  …………………… 大さじ1〜2
- レモン …… ½個（くし形切りにする）

下準備

- 鶏もも肉は余分な皮と脂を取り、3〜4cm角の一口サイズに切り、塩、こしょうを多めにまぶしておく。
- エビは尾のひと節を残して殻をむき、背に包丁で切り込みを入れて、背ワタを取り除く。ボウルに入れて、塩（小さじ1・分量外）でもんで水で洗い流し、ペーパータオルで水気をふき取る。
- アサリは塩抜きをして、殻と殻をこすり合わせるようによく洗う（やり方は63ページ参照）。
- ボウルにAを混ぜ合わせて溶かしておく（サフランは色が出たら取り出す）。

1 具を作る

- 深めのフライパンに、オリーブ油（大さじ1）を中火で熱する。
- 鶏肉は片面2〜3分ずつ両面を強めの中火で焼く。色づいたら一度器に取り出す。
- フライパンにアサリとエビ、白ワインを入れ、中火で2〜3分ふたをして加熱し、アサリの殻が開いたら汁ごとボウルに取り出す。

2 炒め、煮る

- きれいにしたフライパンにオリーブ油（大さじ2）、玉ねぎ、にんにくを入れ、弱火で1〜2分炒める。
- 米を洗わずにそのまま加えて中火にし、3分炒める。
- Aと1の煮汁を加えて中火で沸騰させ、ヘラで3回ほど大きく混ぜながら3分そのまま煮る。

3 炊く

- 2の火を一度弱め、鶏肉、エビ、アサリ、パプリカ、ブラックオリーブ、トマトを彩りよく並べる。
- ふたをして弱火で、ほとんど汁がなくなるまで、18分加熱して炊く。

- ふたをはずして味みして、米の硬さがちょうどよければ、ふたをはずす。中火にして2〜3分加熱し、余分な水分をとばす。
- 上にパセリのみじん切りとレモンをのせる。

ローストビーフ

材料(4人分)

◆ローストビーフ
牛かたまり肉(ロース、ももなど)
.... 500g
A ┃ 塩 小さじ1
  ┃ ブラックペッパー
  ┃ 小さじ1
  ┃ 玉ねぎすりおろし
  ┃ .... 大さじ1・½
  ┃ にんにくすりおろし
  ┃ .... 小さじ½
バター 10g
オリーブ油 .... 大さじ½

◆ソース
B ┃ 白ワイン .... ¼カップ
  ┃ 水 .... ¼カップ
  ┃ しょうゆ 大さじ1
  ┃ フレンチマスタード
  ┃ 小さじ1
  ┃ 砂糖 小さじ1
  ┃ 片栗粉 .... 小さじ⅓
  ┃ (少量の水で溶いておく)

◆付け合わせ
クレソン .... 適量
(食べやすい大きさにちぎる)
赤い玉ねぎ、白い玉ねぎ
.... 適量
(薄切りにしてミックスする)
粒マスタード .... 適宜
(あれば西洋ワサビ)

下準備

- 大きめのバットを使い、牛肉にAをもみ込み、保存用袋に入れるか、ラップでぴったりと密封する。

- 常温に1時間〜1時間半おいて、室温に戻す。

ポイント 肉が冷えていると、加熱したときに中まで熱が入らず表面だけ焦げてしまうので注意する。

1 焼いて、切り分ける

- 深めのフライパンに、バターとオリーブ油を中火で熱する。
- 牛肉の表面を転がしながら、強めの中火で各面40秒ずつ全面をこんがり焼き色がつくまで焼く。

ポイント 全面をしっかりと焼き付けて殺菌する。

- ふたをして弱火にし、途中何度か転がしながら、10〜15分蒸し焼きにする。

- アルミホイルでしっかりと包み、そのまま粗熱が取れるまで冷ます。
- アルミホイルから肉汁が出てきたら、ソースに使うので取っておく。
- 粗熱が取れたら薄く切り分け、器に盛り付ける。

2 ソースを作る

- 肉を焼いたフライパンのこげと油をペーパータオルでふき取る。Bのソースの材料、1で取っておいた肉汁をフライパンに戻す。

ポイント フレンチマスタードは分離しやすいので、最初に水分を少しずつ加えながら混ぜるとよい。

- ふたはしないで中火で3〜5分煮て、アルコールをとばす。
- 付け合わせを添え、ローストビーフにソースをかける。

Event menu
行楽弁当

menu
- いなり寿司　　◆つくね
- エビとアボカドのサラダ

いなり寿司

 鍋　 炊飯器

材料（12個分）

米 ……………………… 2合
混ぜ合わせておく
A｛ 酢 ………………… 大さじ3
　　砂糖 ……………… 大さじ2
　　塩 ………………… 小さじ⅔
油揚げ ………………… 6枚

B｛ だし汁 …………… 1・½カップ
　　しょうゆ ………… 大さじ2・½
　　砂糖 ……………… 大さじ4
　　みりん …………… 大さじ2
　　酒 ………………… 大さじ1・½
イクラ ………………… 適宜
錦糸卵 ………………… 適宜
絹さや ………………… 適宜

1　油揚げをゆでる

- 油揚げは、まな板の上で菜箸などを転がして開きやすくする。
- 油揚げを横半分に切る。鍋に湯を沸かし、強めの弱火で10分落としぶたをしてゆでる。ゆでたら湯は捨てる。

ポイント 油揚げは軽くて浮いてきてしまうので（写真）、落としぶたをしてゆでる。

2　いなり揚げを作る

- 鍋にBを入れ、油揚げを並べる。
- 落としぶたをして弱火で40〜50分煮る（写真）。途中で上下を返すと、むらなく仕上がる。
- 粗熱を取り、軽く手でにぎって煮汁を絞る。

ポイント ここまでを前日に作っておくとラクチン。

3　寿司飯を作る

- 米を洗い炊飯器の目盛よりも2〜3mm少なく水加減し、30分吸水させてから炊く。
- 炊き上がったら混ぜ合わせておいたAを回しかけ、うちわであおぎながら切るように混ぜる。
- 油揚げで包みやすいよう、ごはんを俵形ににぎっておく。

4　包む

- 2のいなり揚げに3の寿司飯を詰め、とじ口をたたむように包む。
- 上にイクラや錦糸卵などの具をのせる場合は、口を少し折り返してお好みの具を入れる。

Event menu 行楽弁当

つくね

材料（4人分／1人2本）

- 鶏ももひき肉 …… 400g
- 玉ねぎ … 1/3個（みじん切りにする）
- A
  - 卵 …… 1/2個
  - しょうがすりおろし …… 小さじ1
  - パン粉 …… 1/2カップ
  - 酒 …… 大さじ1/2
  - 塩 …… 小さじ1/4
  - しょうゆ …… 小さじ1
- サラダ油 …… 大さじ1/2
- B
  - しょうゆ …… 大さじ2
  - 酒 …… 大さじ2
  - みりん …… 大さじ2
  - 砂糖 …… 大さじ1
- ブラックペッパー、七味唐辛子、ゆずこしょう …… 適量
- 竹串 …… 16本

Use Item! 26cm フライパン

1 肉だねを作る

- ボウルにひき肉、玉ねぎ、**A**を入れて材料がしっかりなじみ、粘り気が出てくるまで手で練るように混ぜる。

2 成形する

- 竹串を2本1組にして、**1**を1/8量ずつ貼り付けるように棒状にする。
- 同様に8本作る。

ポイント 竹串を2本1組にすることで持ったときにはがれにくくなる。

3 焼く

- フライパンにサラダ油の半量（大さじ1/4）をひき、**2**を4本並べる。
- 弱めの中火でふたをして片面4〜5分ずつ両面を焼き、中まで火を通す。
- 一度取り出し、残りの4本も同様に焼く。

4 煮からめる

- **3**のつくねをフライパンに8本並べて入れる。
- **B**を加えて**中火**で**3〜4分**煮からめる。大きな泡が出て、とろみがつくまでしっかりと煮詰める。
- 器に盛り付け、残ったたれをからめる。
- 七味唐辛子やゆずこしょう、ブラックペッパーなどを添える。

エビとアボカドのサラダ

材料（4人分）

エビ（中） … 12尾	マヨネーズ … 大さじ2
アボカド … 2個	塩、こしょう … 各少々
白ワイン … 大さじ1	ゆで卵 … 1〜2個
レモン汁 … 大さじ1	ブラックペッパー … 少々

下準備

- エビは殻をすべてむき、背に包丁で切り込みを入れて、背ワタを取り除く。**ボウルに入れて、塩（小さじ1・分量外）でもんで水で洗い流し、ペーパータオルで水気をふき取る。**
- 鍋に湯を沸かし、**強めの弱火で2〜3分**ゆでて火を通し、ザルに上げる。

1 エビを炒める

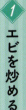

- 空にした鍋にエビを戻し、白ワインと塩、こしょうを混ぜて**中火で30秒炒る。**

ポイント 白ワインと塩、こしょうで下味を付けることで、臭みがなくなり、さらにおいしくなる。

2 アボカドを切る

- アボカドは半分に切り込みを入れ、種を取り皮を手でむく（やり方は65ページ参照）。
- 1.5〜2cm角に切り、**すぐにレモン汁を全体にまぶす。**
- アボカドを1/3量くらい軽くつぶす。

ポイント レモン汁を最初にしっかりとまぶすことで変色が防げる。

3 和える

- エビ、アボカドをマヨネーズ、塩、こしょうで和えて味を調えて器に盛り付ける。
- 黄身と白身に分けたゆで卵を粗みじん切りにする。塩、こしょうを混ぜて仕上げに散らす。
- 最後にブラックペッパーをかける。

調理用語一覧

料理のレシピには、独特の言い回しがあります。そこで、料理の初心者さんが迷いがちな「調理用語」を一覧にまとめました。
「これはどういう意味だろう？」と疑問に思ったら、このページで確認しましょう。

和える
食材に調味料などの味付けするものを加えてから混ぜること。この調味料を「和え衣」、具となる材料を混ぜ合わせたものを「和え物」という。

アクを取る
野菜、肉、魚などを煮たときに出てくる、渋みや苦み、えぐみのある白色や茶色の不純物のこと。お玉などですくい取る。

アクを抜く
野菜の渋み、苦みを調理する前に水にさらして取り除くこと。アクを抜くことで変色を防げる野菜もある。

味を調える
最終工程で調味料を少量加えて味の調整を行うこと。しょうゆ、塩、みそなど加える調味料は料理によって異なる。「調味する」ともいう。

味をなじませる
調味料を加えて、材料や煮汁に味を行き渡らせた状態。

味を含ませる
煮物などで、だしやスープの味を素材にしみ込ませること。弱火でじっくり煮ることで、味がよくしみ込む。

油が回る
材料をフライパン、鍋などで炒めるときに、油を加えてから全体を混ぜて、材料と油をなじませること。

油抜き
油揚げ、厚揚げなどに含まれる揚げ油の一部を、軽くゆでたり、お湯をかけることにより取り除くこと。独特の油臭さが抜け、本来の味を引き出せる。

油を薄く塗る
ペーパータオルに少量の油をひたしてフライパンに塗ること。薄焼き卵や卵焼きを作るときに油を薄く塗ると、フライパンにくっつくのを防いできれいに焼ける。

油を熱する
フライパン、鍋などに油を入れ、材料を入れる前に加熱すること。フライパン、鍋をあらかじめ熱しておく場合と、熱する前に材料を入れる場合がある。

粗熱をとる
加熱した材料や料理が非常に熱い場合に、少し時間をおいて温度を下げること。手で触れられ、容易に食べることができる温度になればOK。

石づきを取る
しいたけ、しめじなどのきのこの根元部分の石づきを包丁などで切り落とすこと。

板ずりする
きゅうりやオクラなどのトゲを取り、色を鮮やかにして、表面に傷をつけて調味料のなじみをよくするための下処理。まな板の上にきゅうりやオクラなどをのせ、塩をふって、手全体で強めに転がす。

炒め合わせる
異なる材料を同じ鍋やフライパンで一緒に炒めること。別々に下ごしらえをしておいた材料どうしを炒めるときに使う。

色が変わってきたら
加熱により、素材の色が変化した状態。一般に野菜は色が濃くなり、肉は透明感がなくなり白っぽくなると色が変わった状態だといえる。

色づいたら
肉、魚、野菜などをフライパン、オーブン、グリルなどで加熱した際、軽く焼き色が付いた状態のこと。

裏ごしする
いもなどを柔らかくなるまで加熱し、つぶしてから、こし器などを使ってこしてなめらかにすること。

落としぶた
煮物をする際に用いるふたのこと。煮汁が全体に回るようにする、煮くずれを防ぐなどの効果がある。鍋よりひと回り小さめのサイズを用いる。

香りが立つ
素材を軽く加熱した際に、生のときには感じられなかった際立った香りを感じることができる状態のこと。

隠し包丁
盛り付けたときに見えない側に包丁で切り目を入れること。素材への火の通りをよくし、味をしみこみやすくすることができる。

かぶるくらい
鍋に材料を入れたときに、素材が表面から出ない程度の液体（水、だし、スープ）の量のこと。

カリッと揚げる
揚げ物の仕上げ方で、表面がほどよく硬くなり、油ぎれよく揚がった状態のこと。高温で短時間で揚げた場合、このような状態になる。

皮目
鶏肉、魚の切り身で、身とは反対側の皮のこと。「皮目から焼く」「皮目をパリッと仕上げる」のように使われる。

きつね色
明るい茶色をした軽い焦げ色のこと。「きつね色に揚げる」のように使われる。

切り目を入れる
盛り付けたときの表は「飾り切り包丁」、裏は「隠し包丁」という。材料の火の通りをよくするために、ある程度の深さまで包丁で切ること。

こす
スープ、みそ、だしなどを網目の細かいザルやこし器、キッチンペーパーなどをくぐらせ、かすや不純物を取り除くこと。

こそげ取る
野菜の表面部分だけを包丁の背を使ってこするようにして皮をむくこと。ごぼう、しょうがなどに使われる。

粉をはたく
食材に小麦粉や片栗粉などを付けた後に、付きすぎた粉をたたいて落とすこと。

粉をまぶす
食材の全体に、小麦粉や片栗粉などの粉類をかけて付けること。ムニエルなどに使われる方法。

小房に分ける
ブロッコリーやカリフラワーの房の部分を茎から切り離し、食べやすい大きさにすること。

こんがりと
焦げすぎない程度に、濃い焦げ色が付く程度に焼くこと。フライパン、グリル、オーブンでの料理に使われる。

さ

裂く
食材を繊維に沿って細かく分けること。鶏ささみ肉、エリンギ、しいたけの軸などに用いる。

ささがき
ごぼうやにんじんなど、細長い野菜を回しながら包丁で削るように薄く切ったもの。

差し水
沸騰中の湯に少量の水を加えること。ふきこぼれを防ぎ、材料に均一に火を通すことができる。

さっと
瞬時に、短い時間での意味。「さっとゆでる」「さっと油に通す」「さっと水にさらす」など。

ザルに上げる
材料をゆでたり、水洗いした後に、ザルに入れて粗熱を取ったり、水切りをすること。

塩抜き
塩を使った保存食の塩分を水に浸すことで減らすこと。塩蔵ワカメ、漬物、塩鮭などに用いる。

塩もみ
切った野菜に塩を手でもみこむこと。塩の浸透圧で野菜の水気が抜け、後から加える調味料がなじみやすくなる。食感、風味もよくなる。

塩ゆで
塩を入れた湯で、野菜などをゆでること。食材にほのかな塩味が付き、色も鮮やかになる。

下味
調理の前に準備として材料に付ける味のこと。魚、肉に塩やこしょうで味付けしたり、しょうゆをもみこんだりする。

下ごしらえ
調理の前の素材に対する処理全般を指す。肉や魚介類に下味を付ける、食材を切る、野菜を切ってアクを抜くなど。

下ゆでする
調理前に、あらかじめ素材をゆでておくこと。アクや余分な脂を抜いたり、えぐみやぬめりを取り除くことができる。

常温（室温）にもどす
卵、肉などを冷蔵庫から出して、部屋の温度と同じにしておくこと。

正味
食材の食べられる部分のこと。種、皮、骨などを除いた部分を指す。

汁気をとばす
鍋やフライパンに残っている水分を加熱によりなくすこと。弱火で焦げつかないようにすることがポイント。

しんなりする
野菜を炒めたり、ゆでたり、塩をふったりしたときに、しなやかになった状態のこと。

素揚げする
材料に小麦粉などの衣を付けずに、そのまま油で揚げること。下ごしらえのひとつ。

すきとおるまで
玉ねぎなどの野菜を炒める、蒸すなどして、透明感が出てきた状態のことをいう。

筋を切る
肉が縮むのを防ぐため、牛肉、豚肉などの赤身と脂身の間にある筋の数か所に切り込みを入れること。

筋を取る
野菜ではさやえんどうなどの豆類、セロリ、肉では鶏肉の筋を取る作業が多い。野菜、肉などにある筋を取り除くこと。

成形する
肉だんごやハンバーグなどのたねやパンなどを、最終的な形に整えること。

背ワタ
エビの背の部分にある消化管のこと。ジャリッとした食感や臭みがあるため、調理前に取り除く。

繊維に沿って
野菜の繊維に平行に、の意味。玉ねぎやにんじんを縦方向に切ると、繊維に沿って切ることができる。

繊維に直角に
玉ねぎでは、横方向に切ると繊維に直角に切ることができる。野菜の繊維を断ち切るように、繊維に90°に刃を当てて切ること。

たたく
肉たたきや包丁の背などを使って、材料に力を加えること（肉をたたいて柔らかくするなど）。また、包丁の刃を使って細かく切ること。

たっぷりの水
鍋の中に入った材料全部がすっかりつかって、さらに十分量がある水の量を指す。

だま
小麦粉などの粉類を水で溶いたときにできる、溶け残った粒のこと。事前に粉をふるうことなどで防ぐことができる。

つぶす
食材に力を加え、形をくずすこと。加熱したじゃがいも、さつまいも、かぼちゃなどによく用いられる方法。

適宜
必要に応じた量のこと。明確に分量を指示できないが、必要だと判断した場合に加える分量。必要でなければ加えなくてもよい。

適量
料理に合った量のこと。調味料は、味をみておいしいと感じる量、薬味は味のバランスがよいと感じる量、油は必要と思われる量など。

照りを出す
煮物、焼き物の仕上げ段階で、みりんなどを加えてツヤのある見栄えに仕上げること。

とろみをつける
汁物やたれ、ソースなどに片栗粉や小麦粉などを加えて、とろりとする濃度をつけること。

鍋肌
鍋の内側の側面のこと。煮物や炒め物の仕上げに調味料を加える場合、鍋肌を伝わせるように加えると、材料の一部のみに味が付くという失敗を避けられる。

煮からめる
煮物を作る際に、煮汁が少なくなるまで煮詰め、濃くなった煮汁を全体にからめるようにして仕上げること。

煮くずれる
煮物を作っている途中で、材料の形がくずれてしまうこと。じゃがいも、にんじんなどを長時間煮たときによく起こる。

煮込む
十分な煮汁で、長時間材料を煮ること。弱火でじっくり煮ること。

煮立たせる
煮汁や汁物を強めの中火にかけて、上面が泡立つくらいに沸騰させること。

煮詰める
汁気が少なくなるまで煮ること。煮物やたれ、ソースを作る際に使われる。

煮含める
多めの煮汁で、弱火で時間をかけて煮て材料に味を含ませること。煮た後に火を止めて、そのまま煮汁の中においておくと、さらに味を含ませることができる。

熱する
熱を加えて材料の温度を上げること。コンロや電子レンジを使用して調理するときに使う。

熱湯
100℃の沸騰している湯のこと。ぶくぶくと沸いている状態の湯を指す。

粘りが出る
材料の加工の過程で、もったりと粘性が出てくること。ハンバーグを混ぜるとき、水に溶いた小麦粉を混ぜるとき、山芋をすりおろしたときなどに粘りが出る。

ひたひたの水
鍋の中に入っている材料が少し出る程度の水の量のこと。煮物などを作る際の水分量の目安に使われる。

一口大
一口で食べられる程度の大きさのこと。1辺3cm四方を目安にするとよい。

ひと煮する
温める程度にほんの少しの時間だけ煮ること。煮過ぎると色や食感が変わってしまう野菜を加えたときなどに使う。

ひと煮立ちさせる
煮汁、汁物を沸騰させ、ほんの少しの時間をおいて火を止めること。煮過ぎない程度で火を止めること。

ひと混ぜする
さっと全体を、底から混ぜること。ざっくりと混ぜ、何度も混ぜないこと。

火を通す
材料を加熱すること。実際に火を使うガスコンロだけでなく、IH調理器や電子レンジ、オーブンでの加熱にも使われる。

ふつふつとしたら
湯、煮汁、汁などが沸き立った状態になったら。

ヘタを取る
野菜や果物が枝についている部分をヘタと呼び、この部分を取り除くこと。

混ぜ合わせる
2種類以上の調味料、または、それら調味料に下ごしらえした素材を加えてよく混ぜること。

混ぜる
2種類以上の材料を合わせて、一体化させること。また、汁物、スープ、煮物など調理中のものをお玉などで中を動かすこと。

回し入れる
鍋やフライパン料理で材料すべてにかかるように、調味料や溶き卵などを、円を描くようにして加えること。

水切りする
洗った材料の水気をザルなどに入れることで取り除くこと。また、豆腐やヨーグルトなどに含まれる水分をザルなどに入れることで取り除くこと。

水気を絞る
ゆでたり、塩もみをした野菜に含まれる水分を、水で絞ったり、ねじることにより除くこと。

水気をとばす
調理中の料理に残っている水分を加熱してなくすこと。

水気をふく
洗ったりゆでたりした材料についている水分を、ふきんやキッチンペーパーなどを使ってぬぐうこと。

水にさらす
アクや苦みの強い野菜などの下処理として、切った後に水にしばらくつけておくこと。

水につける
材料を水に浸すこと。

蒸し焼きにする
フライパンや鍋などで材料を焼いた後に水や日本酒、ワインなどを加えてふたをし、蒸して火を通すこと。

面取り
大根やさといも、かぼちゃを煮るときに煮くずれないように切り口の角を包丁で薄くそぎ切ること。形も整い、きれいに仕上がる。

戻す
乾燥した材料を水に浸して、水分を含ませ、柔らかくすること。

焼き色を付ける
オーブン、フライパンなどでの調理で、材料の表面を焼いて軽い焦げ色を付けること。

湯通しする
肉、魚、野菜など、下ごしらえした材料を軽くさっとゆでること。

予熱
オーブン、オーブントースターの庫内を調理に適した温度に温めておくこと。

余熱
調理した食材に残っている熱。また、加熱に使用した鍋やフライパン、オーブンなどに残っている熱のこと。

流水で洗う
野菜、ゆでた麺などを、水道の水を流しながら洗うこと。

冷水にさらす
手で触って十分に冷たいと感じる温度の水に、材料を短時間つけること。レタスなどの葉物野菜は歯ごたえがよくなる。

材料別索引

食べたい食材や余った食材からメニューをセレクトしてみてください。
ここでは、使用頻度の高い食材を紹介していますので、食材名を見て献立を考えてみましょう。

♥ 肉

[豚肉]
豚のしょうが焼き……………… 80
とんかつ………………………… 106
酢豚……………………………… 138
豚汁……………………………… 164

[鶏肉]
クリームシチュー……………… 44
バターチキンカレー…………… 54
骨付き鶏のポトフ……………… 70
筑前煮…………………………… 82
鶏の唐揚げ……………………… 102
茶碗蒸し………………………… 116
鶏とごぼうの炊き込みご飯…… 153
親子丼…………………………… 156
パエリア………………………… 194

[牛肉]
ステーキ………………………… 40
ビーフシチュー………………… 46
肉じゃが………………………… 76
牛肉のオイスターソース炒め… 128
牛丼……………………………… 155
ローストビーフ………………… 195

[ひき肉]
ハンバーグ……………………… 34
ミートローフ…………………… 38
ミートソーススパゲティ……… 48
ロールキャベツ………………… 56
キャベツ入りメンチカツ……… 68
ひき肉入りコロッケ…………… 108
麻婆豆腐………………………… 122
餃子……………………………… 130
焼売……………………………… 134
春巻き…………………………… 136

そぼろご飯……………………… 154
3色ナムルのビビンバ丼……… 157
タコライス……………………… 158
つくね…………………………… 198

[ハム・ベーコン]
オムライス……………………… 42
クリームスパゲティ…………… 52
ロールキャベツ………………… 56
エビマカロニグラタン………… 66
ポテトサラダ…………………… 143
マカロニサラダ………………… 144
シーザーサラダ………………… 145
春雨サラダ……………………… 146
春雨のスープ…………………… 163
ミネストローネ………………… 166
ハムチーズ&レタスサンド…… 176
トマトとベーコンのオムレツ… 179

[ウインナー]
ナポリタン……………………… 50
骨付き鶏のポトフ……………… 70

♥ 魚介

[魚]
サーモンのハーブパン粉焼き… 64
サバのみそ煮…………………… 86
ぶりの照り焼き………………… 88
ぶり大根………………………… 90
焼き鮭…………………………… 183
ぶりの塩こうじ焼き…………… 184

[貝類]
アサリのボンゴレスパゲティ… 53
アサリの潮汁…………………… 162
パエリア………………………… 194

[イカ・エビ]
エビフライ……………………… 60

エビマカロニグラタン………… 66
さといもとイカの煮物………… 84
天ぷら（エビ）………………… 110
茶碗蒸し………………………… 116
エビチリ………………………… 126
エビマヨ………………………… 127
エビとマッシュルームのアヒージョ
………………………………… 193
パエリア………………………… 194
エビとアボカドのサラダ……… 199

[魚介加工品]
スモークサーモンのマリネサラダ
………………………………… 142
梅じゃこしそおにぎり………… 181

♥ 卵・豆腐・その他

[卵]
オムライス……………………… 42
キャベツ入りメンチカツ……… 68
茶碗蒸し………………………… 116
チャーハン……………………… 120
春雨サラダ……………………… 146
そぼろご飯……………………… 154
親子丼…………………………… 156
3色ナムルのビビンバ丼……… 157
かき玉汁………………………… 161
春雨のスープ…………………… 163
スクランブルエッグ…………… 174
卵サンド………………………… 175
フレンチトースト……………… 178
トマトとベーコンのオムレツ… 179
卵焼き…………………………… 182
だし巻き卵……………………… 186
ゆで卵…………………………… 189
目玉焼き………………………… 189

[豆腐]
麻婆豆腐 …………………… 122
ほうれん草の白和え ………… 148
ワカメと豆腐のみそ汁 ……… 160
トマトとツナの和風具のせ豆腐
　……………………………… 185

[厚揚げ・油揚げ]
ひじきの煮物 ………………… 94
切り干し大根の煮物 ………… 96
ほうれん草の白和え ………… 148
小松菜と油揚げの煮びたし … 149
鶏とごぼうの炊き込みご飯 … 153
豚汁 …………………………… 164
いなり寿司 …………………… 197

♥ 乳製品
[牛乳]
クリームシチュー …………… 44
エビマカロニグラタン ……… 66
パンケーキ …………………… 173
スクランブルエッグ ………… 174
フレンチトースト …………… 178

[生クリーム]
クリームスパゲティ ………… 52
バターチキンカレー ………… 54
いちごサンド ………………… 177

[チーズ]
スモークサーモンのマリネサラダ
　……………………………… 142
ハムチーズ&レタスサンド …… 176

[ヨーグルト]
バターチキンカレー ………… 54

♥ ご飯・パスタ・パン
[米・ご飯・もち米]

オムライス …………………… 42
バターチキンカレー ………… 54
ちらし寿司 …………………… 112
チャーハン …………………… 120
赤飯 …………………………… 152
鶏とごぼうの炊き込みご飯 … 153
そぼろご飯 …………………… 154
牛丼 …………………………… 155
親子丼 ………………………… 156
3色ナムルのビビンバ丼 …… 157
タコライス …………………… 158
梅じゃこしそおにぎり ……… 181
雑穀米おにぎり ……………… 182
納豆とアボカドののっけご飯 … 185
パエリア ……………………… 194
いなり寿司 …………………… 197

[パスタ]
ミートソーススパゲティ …… 48
ナポリタン …………………… 50
クリームスパゲティ ………… 52
アサリのボンゴレスパゲティ … 53
エビマカロニグラタン ……… 66
マカロニサラダ ……………… 144
ミネストローネ ……………… 166

[パン]
卵サンド ……………………… 175
ハムチーズ&レタスサンド …… 176
ツナきゅうりのクロワッサンサンド
　……………………………… 176
いちごサンド ………………… 177
フレンチトースト …………… 178

♥ 野菜・果物
[アスパラ]
アスパラのごま和え ………… 182

[アボカド]
納豆とアボカドののっけご飯 … 185
エビとアボカドのサラダ …… 199

[いちご]
いちごサンド ………………… 177

[いんげん]
筑前煮 ………………………… 82
高野豆腐の含め煮 …………… 100

[オクラ]
オクラとめかぶの梅しょうゆ和え
　……………………………… 150

[かぼちゃ]
かぼちゃの煮物 ……………… 98
かぼちゃとさつまいもの
　スイートサラダ …………… 147
かぼちゃのポタージュ ……… 168

[カリフラワー]
カリフラワーのスープ ……… 169

[きのこ]
エビマカロニグラタン ……… 66
茶碗蒸し ……………………… 116
エビとマッシュルームのアヒージョ
　……………………………… 193

[キャベツ]
ロールキャベツ ……………… 56
キャベツ入りメンチカツ …… 68
骨付き鶏のポトフ …………… 70
餃子 …………………………… 130
コールスローサラダ ………… 142
ミネストローネ ……………… 166

[きゅうり]
スモークサーモンのマリネサラダ
　……………………………… 142
ポテトサラダ ………………… 143

マカロニサラダ‥‥‥‥‥‥‥144
春雨サラダ‥‥‥‥‥‥‥‥146
ワカメときゅうりの酢の物‥‥149
ツナきゅうりのクロワッサンサンド
‥‥‥‥‥‥‥‥‥‥‥‥‥176
納豆とアボカドののっけご飯‥‥185

[ごぼう]
筑前煮‥‥‥‥‥‥‥‥‥‥82
きんぴらごぼう‥‥‥‥‥‥92
鶏とごぼうの炊き込みご飯‥‥153
豚汁‥‥‥‥‥‥‥‥‥‥‥164

[小松菜]
小松菜と油揚げの煮びたし‥‥149

[さつまいも]
天ぷら（さつまいも）‥‥‥110
かぼちゃとさつまいもの
　スイートサラダ‥‥‥‥‥147

[さといも]
筑前煮‥‥‥‥‥‥‥‥‥‥82
さといもとイカの煮物‥‥‥‥84

[ししとう]
天ぷら（ししとう）‥‥‥‥110

[じゃがいも]
クリームシチュー‥‥‥‥‥44
ビーフシチュー‥‥‥‥‥‥46
肉じゃが‥‥‥‥‥‥‥‥‥76
ひき肉入りコロッケ‥‥‥‥108
ポテトサラダ‥‥‥‥‥‥‥143
ミネストローネ‥‥‥‥‥‥166
ブロッコリーのポタージュ‥‥174

[しょうが]
肉じゃが‥‥‥‥‥‥‥‥‥76
豚のしょうが焼き‥‥‥‥‥80
サバのみそ煮‥‥‥‥‥‥‥86
ぶり大根‥‥‥‥‥‥‥‥‥90
麻婆豆腐‥‥‥‥‥‥‥‥‥122
エビチリ‥‥‥‥‥‥‥‥‥126

エビマヨ‥‥‥‥‥‥‥‥‥127
牛肉のオイスターソース炒め‥128
餃子‥‥‥‥‥‥‥‥‥‥‥130
焼売‥‥‥‥‥‥‥‥‥‥‥134
鶏とごぼうの炊き込みご飯‥‥153
牛丼‥‥‥‥‥‥‥‥‥‥‥155
3色ナムルのビビンバ丼‥‥‥157

[ズッキーニ]
ラタトゥイユ‥‥‥‥‥‥‥72

[セロリ]
ビーフシチュー‥‥‥‥‥‥46
骨付き鶏のポトフ‥‥‥‥‥70
ミネストローネ‥‥‥‥‥‥166

[大根]
ぶり大根‥‥‥‥‥‥‥‥‥90
豚汁‥‥‥‥‥‥‥‥‥‥‥164

[たけのこ]
春巻き‥‥‥‥‥‥‥‥‥‥136
酢豚‥‥‥‥‥‥‥‥‥‥‥138

[玉ねぎ]
ハンバーグ‥‥‥‥‥‥‥‥34
ミートローフ‥‥‥‥‥‥‥38
オムライス‥‥‥‥‥‥‥‥42
クリームシチュー‥‥‥‥‥44
ビーフシチュー‥‥‥‥‥‥46
ミートソーススパゲティ‥‥48
ナポリタン‥‥‥‥‥‥‥‥50
クリームスパゲティ‥‥‥‥52
アサリのボンゴレスパゲティ‥53
バターチキンカレー‥‥‥‥54
ロールキャベツ‥‥‥‥‥‥56
エビマカロニグラタン‥‥‥66
キャベツ入りメンチカツ‥‥68
骨付き鶏のポトフ‥‥‥‥‥70
ラタトゥイユ‥‥‥‥‥‥‥72
肉じゃが‥‥‥‥‥‥‥‥‥76
ひき肉入りコロッケ‥‥‥‥108
焼売‥‥‥‥‥‥‥‥‥‥‥134

春巻き‥‥‥‥‥‥‥‥‥‥136
酢豚‥‥‥‥‥‥‥‥‥‥‥138
スモークサーモンのマリネサラダ
‥‥‥‥‥‥‥‥‥‥‥‥‥142
ポテトサラダ‥‥‥‥‥‥‥143
マカロニサラダ‥‥‥‥‥‥144
牛丼‥‥‥‥‥‥‥‥‥‥‥155
親子丼‥‥‥‥‥‥‥‥‥‥156
タコライス‥‥‥‥‥‥‥‥158
ミネストローネ‥‥‥‥‥‥166
かぼちゃのポタージュ‥‥‥168
カリフラワーのスープ‥‥‥169
コーンポタージュ‥‥‥‥‥169
ブロッコリーのポタージュ‥‥174
パエリア‥‥‥‥‥‥‥‥‥194
つくね‥‥‥‥‥‥‥‥‥‥198

[トマト]
ラタトゥイユ‥‥‥‥‥‥‥72
ツナきゅうりのクロワッサンサンド
‥‥‥‥‥‥‥‥‥‥‥‥‥176
トマトとベーコンのオムレツ‥‥179
トマトとツナの和風具のせ豆腐
‥‥‥‥‥‥‥‥‥‥‥‥‥185
パエリア‥‥‥‥‥‥‥‥‥194

[なす]
ラタトゥイユ‥‥‥‥‥‥‥72

[にら]
牛肉のオイスターソース炒め‥128
餃子‥‥‥‥‥‥‥‥‥‥‥130

[にんじん]
クリームシチュー‥‥‥‥‥44
ビーフシチュー‥‥‥‥‥‥46
ミートソーススパゲティ‥‥48
骨付き鶏のポトフ‥‥‥‥‥70
肉じゃが‥‥‥‥‥‥‥‥‥76
筑前煮‥‥‥‥‥‥‥‥‥‥82
きんぴらごぼう‥‥‥‥‥‥92
ひじきの煮物‥‥‥‥‥‥‥94

切り干し大根の煮物 ………… 96
高野豆腐の含め煮 …………… 100
ひき肉入りコロッケ ………… 108
ちらし寿司 …………………… 112
春巻き ………………………… 136
酢豚 …………………………… 138
ポテトサラダ ………………… 143
マカロニサラダ ……………… 144
春雨サラダ …………………… 146
ほうれん草の白和え ………… 148
鶏とごぼうの炊き込みご飯 … 153
3色ナムルのビビンバ丼 …… 157
豚汁 …………………………… 164
ミネストローネ ……………… 166

［にんにく］
ビーフシチュー ……………… 46
ミートソーススパゲティ …… 48
アサリのボンゴレスパゲティ … 53
ラタトゥイユ ………………… 72
エビチリ ……………………… 126
エビマヨ ……………………… 127
牛肉のオイスターソース炒め … 128
エビとマッシュルームのアヒージョ
 ………………………………… 193
パエリア ……………………… 194

［ねぎ］
チャーハン …………………… 120
麻婆豆腐 ……………………… 122
エビチリ ……………………… 126
鶏とごぼうの炊き込みご飯 … 153
ワカメと豆腐のみそ汁 ……… 160
春雨のスープ ………………… 163
豚汁 …………………………… 164

［白菜］
白菜の塩昆布ごま風味和え … 150
春雨のスープ ………………… 163
豚汁 …………………………… 164

［パプリカ・ピーマン］
ナポリタン …………………… 50
ラタトゥイユ ………………… 72
牛肉のオイスターソース炒め … 128
酢豚 …………………………… 138
パエリア ……………………… 194

［ブロッコリー］
クリームシチュー …………… 44
ビーフシチュー ……………… 46
エビマカロニグラタン ……… 66
ブロッコリーのポタージュ … 174

［ほうれん草］
ほうれん草のごま和え ……… 148
ほうれん草の白和え ………… 148
3色ナムルのビビンバ丼 …… 157

［水菜］
ひじきと水菜の豆サラダ …… 147

［めかぶ］
オクラとめかぶの梅しょうゆ和え
 ………………………………… 150

［もやし］
牛肉のオイスターソース炒め … 128
3色ナムルのビビンバ丼 …… 157

［レタス］
シーザーサラダ ……………… 145
ハムチーズ＆レタスサンド … 176

［れんこん］
筑前煮 ………………………… 82
ちらし寿司 …………………… 112

♥ 缶詰
クリームシチュー …………… 44
ビーフシチュー ……………… 46
ミートソーススパゲティ …… 48
バターチキンカレー ………… 54
エビマカロニグラタン ……… 66
ひじきと水菜の豆サラダ …… 147
コーンポタージュ …………… 169
ツナきゅうりのクロワッサンサンド
 ………………………………… 176
トマトとツナの和風具のせ豆腐
 ………………………………… 185

♥ 乾物
筑前煮 ………………………… 82
ひじきの煮物 ………………… 94
切り干し大根の煮物 ………… 96
高野豆腐の含め煮 …………… 100
ちらし寿司 …………………… 112
春巻き ………………………… 136
春雨サラダ …………………… 146
ひじきと水菜の豆サラダ …… 147
ワカメときゅうりの酢の物 … 149
ワカメと豆腐のみそ汁 ……… 160
春雨のスープ ………………… 163
アオサのみそ汁 ……………… 183

◆ 著者 ◆ **阪下千恵**（さかした　ちえ）

料理研究家・栄養士。外食大手企業、無農薬・有機野菜・無添加食品の宅配会社などを経て独立。現在は企業販促用のレシピ開発、食育関連講習会をはじめ、書籍、雑誌、テレビなどの多方面で活躍。食べる人にも作る人にもやさしい料理を心がけ、丁寧でわかりすいレシピと、ほっとする味わいが好評。『園児のかわいいお弁当』『とっておきのお持ちよりレシピ』（新星出版社）のほか、著書多数。夫、2人の女の子との4人家族。
blog「料理研究家 阪下千恵 オフィシャルブログ」
http://lineblog.me/chie/

staff

デザイン ◆ 宮代佑子（フレーズ）
DTP ◆ 江部憲子（フレーズ）
イラスト ◆ さいとうあずみ
撮影 ◆ 奥村暢欣
スタイリスト ◆ 鈴木亜希子
調理アシスタント ◆ 佐藤香織
校正 ◆ 大道寺ちはる
編集協力 ◆ 松浦美帆（A.I）

本書の内容に関するお問い合わせは、書名、発行年月日、該当ページを明記の上、書面、FAX、お問い合わせフォームにて、当社編集部宛にお送りください。電話によるお問い合わせはお受けしておりません。
また、本書の範囲を超えるご質問等にもお答えできませんので、あらかじめご了承ください。
　　FAX：03-3831-0902
　　お問い合わせフォーム：http://www.shin-sei.co.jp/np/contact-form3.html

落丁・乱丁のあった場合は、送料当社負担でお取替えいたします。当社営業部宛にお送りください。
本書の複写、複製を希望される場合は、そのつど事前に、出版者著作権管理機構（電話：03-5244-5088、FAX：03-5244-5089、e-mail：info@jcopy.or.jp）の許諾を得てください。
JCOPY ＜出版者著作権管理機構 委託出版物＞

料理のきほん Lesson

著　者　　阪下　千恵
発行者　　富永　靖弘
印刷所　　公和印刷株式会社

発行所　東京都台東区台東2丁目24　株式会社　新星出版社
　　　　〒110-0016　☎03(3831)0743

Ⓒ Chie Sakashita　　　　　　　　　　Printed in Japan

ISBN978-4-405-09331-7